シリーズ
大学教育の
質保証 **2**

学習成果の
評価

竹中喜一 **編著**

玉川大学出版部

「シリーズ大学教育の質保証」刊行にあたって

　大学教育の運営は、一般的に外部の法令などを通して規制される面が少ないため、各大学は自ら特色あるカリキュラムを編成し、独自の教育の質保証の体制を構築することができます。大学にゆだねられた裁量を活かすには、教育目的を達成するための主体的な管理運営が重要になります。高等教育政策や認証評価においても、教学マネジメントや内部質保証といった用語で、大学教育の管理運営の体制づくりが推進されています。

　そのような状況を踏まえて、「シリーズ大学教育の質保証」を刊行いたしました。本シリーズの目的は、大学教育の質保証を推進する教職員として必要な知識や関連する論点を整理して提供することです。大学教育の質保証の基本的知識に加えて、質保証に取り組む方法についてさまざまな選択肢を提示することを試みました。選択肢という言葉を使用したのは、大学教育の質保証には唯一の方法があるというのではなく、大学にゆだねられた裁量の中で多様な方法があるという前提に立っているからです。読者の方々に対しては、大学の個性や特色を活かすために、提示した方法の中から選択したり、提示した方法を参考に創意工夫を行ったりしていただきたいと考えています。

　本シリーズの特色は、大学教育の質保証に対する捉え方にあります。本シリーズでは、大学教育の質保証を組織体制や評価活動といった側面だけでなく、カリキュラムの編成を含めた総合的な取り組みとして捉えています。なぜなら、大学が教育目的を達成するためにはカリキュラムがもっとも重要になると考えているからです。そのため、本シリーズは全3巻で構成することにしました。第1巻『カリキュラムの編成』では、大学においてカリキュラムをどのように編成するのかを理解することができます。第2巻『学習成果の評価』では、大学における学習成果をどのように評価し、評価結果を活用するのかを理解することができます。第3巻『教育の質保証の組織と運営』では、大学教育の質保証に向けた組織体制づくりと

運営の方法を理解することができます。

　それぞれ1冊の書籍として読めますが、3巻全体で大学教育の質保証の重要な内容を網羅する形になっています。主に学士課程教育に焦点を当てていますが、短期大学、大学院、高等専門学校などの高等教育機関の教職員にとっても役立つ内容が含まれていると考えています。

　本シリーズが多くの大学関係者に読まれ、大学の教育の質保証のさまざまな課題を解決することで教育の質を高め、さらに教育の質の向上の取り組みが大学を越えて広がっていくことを願っています。

シリーズ編者　中井俊樹

はじめに

　学習成果の評価はどのように行えばよいのでしょうか。この問いに答えるためには、学習成果とは何か、何のために学習成果を評価するのか、学習成果を評価する方法にはどのようなものがあるのかを理解する必要があります。また、学習成果を評価するだけでなく、評価結果をどのように活用できるのかも理解しておかなければなりません。

　「シリーズ大学教育の質保証」の第2巻である『学習成果の評価』は、学習成果の評価とその活用方法について実践的な知識を体系立てて提示することで、大学教育の質保証に関わる教職員を支援しようとするものです。本書では第一の読者として、全学あるいは学部等のカリキュラムの編成、実施、評価に関わる教職員を想定しています。さらに、自己点検・評価や認証評価に関わる教職員、FDに関わる教職員、IRに関わる教職員、学習支援に関わる教職員、高等教育研究者など、幅広い読者にも活用される内容にしたいと考えました。

　従来から学習成果の評価を取り扱う書籍はありましたが、その多くが個々の授業科目を対象とするものでした。本書は大学教育の質保証というシリーズの1つであることから、特にカリキュラムを通した学習成果に着目しています。

　学習成果の評価を大学教育の質保証につなげるためには、カリキュラムを通した学習成果を評価し、適切な形で公表して、教育や学習を改善できなければなりません。学習成果の評価について改善までの一連の流れを網羅的に記述している点が、本書の特徴です。

　個々の授業科目における学習成果の評価と、カリキュラムを通したそれとは共通点も多いですが、相違点もあります。たとえば、学習成果を評価する個人の裁量が異なります。授業科目において学習成果を評価し、単位を認定する大きな裁量を有しているのは、教員個人です。一方で、カリキュラムを通した学習成果は学部等の組織で評価されます。卒業要件の設

定や卒業認定を個人に委ねる大学はありません。カリキュラムを通した学習成果を評価するためには、組織として評価方針や評価方法を定め、関連する個々の教職員が定められたものの意図を理解しなければなりません。そこで本書では、学習成果の評価が適切に行われるための組織体制や制度にも着目しました。

　また、カリキュラムを通した学習成果の評価は長期にわたって行われますが、その過程では、在学中の学生へフィードバックすることも重要です。学習成果の評価方法だけでなく、評価の結果として集積したデータに基づき、教育や学習を改善するための方法論についても、本書では言及しています。

　本書では、学習成果の評価やその結果の活用について、最適な方法は文脈や状況に応じて決まるというスタンスに立っています。大学の教育理念、学部等の構成と各学部等で編成されるカリキュラムによって、適切な方法は異なることも多いと考えるためです。そこで本書はさまざまな実践方法の選択肢を提示し、読者が所属する組織の特徴や文脈にアレンジしやすいように構成しました。本書で取り上げる具体的な事例には、アレンジするためのヒントも盛り込んでいます。

　本書は、12章から構成されています。1章から3章において学習成果とその評価の全体像を示し、4章から10章においてカリキュラムを通した学習成果を評価する具体的な方法を示し、11章と12章で学習成果を評価した結果の活用方法を示しています。1章から順に読まれることを想定していますが、各章においても内容が完結するように執筆しているので、自分の関心のあるところから読み始めてもよいでしょう。

　大学教育に関わる用語は十分に整理されて広く共有されていない場合があります。学問における用語と行政における用語が異なっていたり、各大学で使用する用語が異なっていたりすることなどに起因します。そのため、本文で使用する主な用語についてあらかじめ説明しておきます。

　カリキュラムに類似した用語として、教育課程、学位プログラムなどの用語があります。それぞれの用語の指す意味に若干の違いがありますが、

法規、政策文書などの引用部分を除いて基本的にカリキュラムという用語を本書では使用します。また、法規や政策文書では学修という用語が学習と区別して使用されますが、この2つの用語の差異が広く共有されているとはいえないため、引用部分を除いては学習を使用します。学部および学科や専攻などの組織の総称としては、学部等という表記を使用します。職員という用語は、法令などで大学教員を含めて用いられる場合もありますが、本書では大学教員を含まない意味で用いています。大学教員を含む場合には、大学の現場で使われる教職員という用語を使用します。さらに、本文中に**GPA***のように右肩に＊印がつけられている用語は巻末に解説をしました。

本書の大半は書き下ろしたものですが、4章については、竹中喜一(2020)「アセスメントプランを実質的に機能させるための視点（上）（下）」(『教育学術新聞』令和2年10月21日号および令和2年10月28日号）の内容をもとに加筆修正しました。

本書の刊行にあたり、多くの方々からご協力をいただきました。佐藤浩章氏（大阪大学）、篠田雅人氏（早稲田大学）、杉谷祐美子氏（青山学院大学）、平井孝典氏（佛教大学）、藤本正己氏（山口大学）、丸山和昭氏（名古屋大学）、山田嘉徳氏（関西大学）には、本書の草稿段階において貴重なアドバイスをいただきました。そして、玉川大学出版部のみなさまと協力者の兼子千亜紀氏には、本書が完成するまでのさまざまな場面でお力添えいただきました。この場をお借りして、ご協力くださったみなさまに御礼申し上げます。

編者　竹中喜一

目　　次

7章 ポートフォリオを活用する …………………………… 76

10章　成績に関するデータを活用する ………………… 115

1章

カリキュラムを通した学習成果とその評価を理解する

1 学習成果の定義と背景を理解する

(1) 学習成果とは何か

　大学では学部等がカリキュラムを編成し、たくさんの授業科目が用意されています。そして、図書館やパソコン教室などの学習空間もあります。部活動やサークルなどのような、授業以外の場も大学には用意されているでしょう。これらすべては学生にとって学習につながる資源となります。学習成果は、学生がこれらの資源を活用しながら学習した結果を示すものです。具体的な学習成果の定義の1つとして、学習の結果として生じる個人の変化や利益といったものがあります（Nusche 2008）。また、政策用語として学習成果は「プログラムやコースなど、一定の学修期間終了時に、学修者一人一人が自らの学びの成果として、知り、理解し、行い、実演できるようになった内容」と定義されています（中央教育審議会大学分科会 2020）。

　双方の定義から学習成果とは、より多くのことを知ったり、表現したり、ふるまえるようになったりできること、つまり知識、技能や態度の習得や向上と考えることができます。これらを具体的な場面に適用して、学生が資格や免許を取得したり就職したりするのも、変化や利益に該当します。

　以上のことから、本書では学習成果を「個々の学生が、大学での一定期間における学習の結果として習得・向上させた知識、技能や態度、およびそれらの活用により学内外から受けた利益」と定義します。「大学の一定

期間」とは基本的に在学中を指しますが、実際には編入学者の単位認定など、入学前の学習について考慮すべきこともあります。そこで本書では、在学期間外の学習についても取り扱うこととします。

また、「知識、技能や態度」といった分け方は、国内外で伝統的に用いられてきた**ブルーム・タキソノミー***の枠組みに対応するものです。2000年代以降、学ぶことの学習を意味するメタ学習の概念や、OECD（経済協力開発機構）が提供した学習の枠組みとしての「ラーニング・コンパス」で示されたエージェンシーなど、学習成果とみなしうる考え方が提唱されています（Fadel et al. 2015；OECD 2019）。しかし、これらの考え方もブルーム・タキソノミーと共通点がある、あるいはそこから派生したものと捉えることができると考え「知識、技能や態度」としています。

なお、学習成果の定義には、2008年に出された**中央教育審議会***の答申「学士課程教育の構築をめざして」で「学習者が知り、理解し、行い、実演できることを期待される内容」と示されているように、これから身につけることが「期待される」資質や能力と捉えるものもあります。つまり、学習成果には学習の結果だけでなく、目標と位置づける定義もあります（松下 2017）。しかし本書では、定義の混同を避け読みやすくすることを意図して、結果を表す用語として学習成果を使い、目標を表す用語としては学習目標と表現することとします。

(2) 最初にアメリカで注目が集まった

日本よりも早く学習成果に注目が集まった国はアメリカでした。その背景には、初等・中等教育の質の低下が指摘されたことがあります。この指摘は、1983年にアメリカ教育省の諮問機関である審議会から出された『危機に立つ国家』という報告書でなされたものです（The National Commission on Excellence in Education 1983）。その指摘が影響し、高等教育の質についても活発に議論されるようになり、財政や施設の状況、教職員の配置などよりも、学生の学習に焦点が当てられるようになったのです（福留 2009）。そして、外部機関が大学に対して行う評価においても、学習目標

の達成について明確な根拠を示すことが求められるようになりました（川嶋 2008）。

　以上のことから、高等教育の捉え方が教育中心から学習中心へと変化してきたといえます。教育パラダイムから学習パラダイムへの転換と呼ぶこともあります（Barr and Tagg 1995）。

　教育パラダイムと学習パラダイムでは表1のように、何をもって教育の成功とみなすかが異なります。教育パラダイムでは、施設設備や学生支援といった資源の量や質が教育の成功基準となっています。学生については在学生や卒業生ではなく、入学時点の能力や入学者の数といった指標が、大学のもつ潜在的な能力として重視されていました（川嶋 2009）。対して、学習パラダイムでは成功の基準として、学生の学習や学習成果に焦点が当てられています。学習成果が注目されるようになった背景には、学習パラダイムへの転換があるといってよいでしょう。

表1　教育の成功の基準

教育パラダイム	学習パラダイム
・インプット、資源	・成果（学生の学習・成功）
・入学者の質	・卒業生の質
・カリキュラム開発、充実	・学習技術の開発、充実
・資源の量と質	・成果の量と質
・入学者と収入の増加	・学習総量の増加と効率性
・教員と教育の質	・学生と学習の質

出所　Barr and Tagg（1995）、川嶋（2009）

（3）ヨーロッパや日本でも重視されるようになった

　学習成果が重視されるようになったのは、アメリカだけではありません。ヨーロッパの欧州委員会では、学習成果をベースとして各国での初等中等教育の修了や高等教育で取得した**学位***の水準を各国間で比較できるように、EQF（European Qualifications Framework）という資格枠組みを

制定しています。制定の背景には、学位の互換性を高め、教育の国際流動性を高めようという意図があります。EQF では知識、技能、コンピテンスといった観点について、それぞれ 8 段階の水準が設定されています。

　アメリカやヨーロッパなど諸外国での学習成果が着目されるにつれ、日本の大学でも学習成果が重視されるようになってきました。学習成果が本格的に注目されるようになったのは、先述の 2008 年の中央教育審議会の答申以降です。この答申では、日本の大学が「入難出易」と評され、「大学卒業生全体の学力が低下したという実証的な分析結果はないものの、産業界のそうした印象、さらにいえば不信感を払拭できるような具体的な根拠を、大学も国も十分に持ち合わせているとは言えない」と指摘されました（中央教育審議会 2008）。学習成果の可視化や向上が、国としても課題であることが示された答申といえるでしょう。なお、同答申では、学士課程共通の学習成果に関する参考指針として**学士力***が定義され、各大学には学士力を参考に学位授与の方針を定め、公開することを求めました。学生に求める学習成果は何で、どのようにして学習成果を可視化するかに、国が力点を置いて検討するようになったのです。

　その後、2017 年に改正施行された学校教育法施行規則で、**ディプロマ・ポリシー***、**カリキュラム・ポリシー***、**アドミッション・ポリシー***の策定と公表が義務づけられるようになりました。カリキュラム・ポリシーには、学習成果の評価方針も含めることが言及されています（中央教育審議会大学分科会大学教育部会 2016）。学習成果の評価方針は**アセスメントプラン***の形でも示されますが、いずれにしても、卒業時における学習成果の目標を設定し、目標が達成されたかどうかの評価を行うことが、各大学に求められているといえるでしょう。

2　カリキュラムを通した学習成果を評価する

（1）学習成果の評価の定義を理解する

　学習成果の評価は「学習成果をデータで可視化する活動」と説明することができます。データには筆記テストの点数など、さまざまなものがあります。可視化することにより、学習成果の現状を把握し、報告書などの形で学内外に公表できるようになります。

　また、授業科目における学習成果の評価は成績評価も兼ねており、その結果によって単位認定の可否が判断されます。したがって、学習成果の評価には「可視化されたデータの意味を解釈し、価値判断を行う活動」という意味も含まれます。ここでいう価値判断とは、学習成果が十分なものであったかどうかに加えて、学習成果に影響を与える授業科目、カリキュラム、学習支援、施設設備といった教育についてどの程度効果があったのか、教育や学習の課題は何なのかを考えることです。

　これらを踏まえて本書では、学習成果の評価を「学内外への情報公表や教育にかかわる価値判断を目的として、学習成果をデータで可視化する活動」と定義します。

（2）授業科目には多くの評価機会がある

　大学での最も基本的な学習の機会は授業でしょう。各授業科目では、さまざまな形で学習成果が評価されます。単位を認定するには、筆記テストやレポートなどによる成績評価が必要であるため、成績評価に伴う学習成果の評価は、どの授業科目でも行われるものです。

　授業科目において学習成果の評価が行われる機会は、学期末以外にもあります。授業科目の中には、学生にコメントシートの提出を求めるものがあります。コメントシートも成績評価の対象となる場合はありますが、授業でわかったことや質問したいことを把握し、学生に対する**フィードバック***を主目的として行う場合も多いでしょう。この他、語学の授業で学生

を指名し日本語訳を発表してもらったり、文献講読の授業で学生に内容を要約したレジュメを作成し提出してもらったりするのも、学習成果を評価し、学生にフィードバックする機会となります。

(3) カリキュラムを通した学習成果とは何か

　カリキュラムを通した学習成果とは、個々の授業科目における学習成果を積み上げたものと、集大成としての学習成果のことを指します。個々の授業科目で評価された学習成果のデータは、さまざまな形で蓄積されていきます。たとえば成績のデータは修得単位数や **GPA***という形で蓄積されます。特に修得単位数は**卒業要件***と関わることから、カリキュラムを通した学習成果を示すデータとして活用されます。GPA もそれまでに履修した授業科目の成績について、総合結果を示すものとして捉えれば、カリキュラムを通した学習成果を表すものといえるでしょう。カリキュラムを通した学習成果は、個々の授業科目における学習成果を積み上げたものと考えることができます。

　また、カリキュラムを通した学習成果は、集大成としての学習成果とする考え方もあります。卒業論文や卒業研究、学外の企業等が提供する**アセスメントテスト***、アンケート調査などが、集大成としての学習成果を評価する代表的な方法です。資格や免許の取得、あるいは取得に至ったときの試験結果も、この考え方のもとでの学習成果に該当するでしょう。学生がそれまでに学習したことを総合的に活用する課題に対する成果物が、カリキュラムを通した学習成果を示しているのです。

(4) 総体としての学生に対しても行われる

　学習成果は個々の学生に紐づくものですが、その評価は個々の学生に対してだけでなく、総体としての学生に対して行われる場合があります。総体とは、全学生、各学部等に所属する学生全体、授業科目の履修者全体といった、特定の集団を指します。総体としての学生に対する評価も行うことで、より多くの情報を得ることができるでしょう。

たとえば、筆記テストの設問ごとの正答率を出すのは、総体としての学生に対する評価に該当します。正答率が0％の設問と、99％の設問があるとすれば、基本的には前者の正答率の改善を図るべきでしょう。授業科目で正答率0％の設問に関する説明を充実させるなどの改善が考えられます。このように総体としての学生に対する評価結果は、学生全体の学習成果の向上につながりうる情報を提供してくれます。授業科目で状態の改善が難しければ、学習支援の改善で対応できるかもしれません。評価結果に基づく改善のアプローチは複数考えるべき場合が多いでしょう。

また、総体として学生を扱うことは評価結果を公表するうえでも重要です。特に学外には、学生個人というよりは、全学生あるいは学部等ごとの評価結果を公表するのが適切でしょう。個々の学生ごとの評価結果を公表すると、**個人情報***の保護が難しくなり、データが膨大な量になってしまいます。総体としての学生に対する評価結果は、大学全体としての総合的な状況を比較的安全で簡潔に表現するものであり、公表に適したものといえるでしょう。

3　学習成果の評価目的を理解する

(1)　学生が学習状況を認識する機会となる

社会の発展に寄与するような学生を輩出することは、大学の重要な目的です。大学という学びの場を離れても、変化の激しい社会において活躍するために、学生は自ら学び続けなければなりません。そのための資質や能力を向上させる使命を大学は担っています。

学習成果の評価は、何ができていて何ができていないのか、何を次に学ぶべきなのかなど、学習の指針となる多くの情報を学生にもたらします。これらの情報を必ずしも学生自身がしっかりと認知できているわけではありません。GPAなどの数値や他者からのコメントなどによるフィードバックを受けることで、学生は自分の学習について新たな気づきを得ていくで

しょう。学習成果の評価は、学生にとって自分の学習状況を認識する機会になります。大学は組織として、学習成果の評価を行い、その結果を学生に伝える機会を積極的に設けるべきでしょう。

(2) 授業やカリキュラムの改善に活用できる

大学の授業科目で単位を認定するためには、当該科目における学習成果を評価しなければなりません。大部分の授業科目では、**シラバス***に書かれた学習目標の達成度をテストやレポートのような成果物で確認し、それらに基づく成績評価を行います。

もし、履修者の成績評価が全体的によくなければ、授業改善が必要である可能性は高いでしょう。具体的には授業で取り扱う内容や授業方法の見直し、成績評価を行うテストやレポートの難易度や基準の見直しなどの方法が考えられます。授業科目で取り扱う内容が毎年同じであるにも関わらず、成績評価の結果が以前と異なる場合にも見直す点がないかどうか探るべきでしょう。

また、カリキュラムを通した学習成果が十分であることは、卒業の認定により示されます。どのような学生に対し卒業を認定し、学位を授与するかの方針を示したものが、ディプロマ・ポリシーです。

ディプロマ・ポリシーの中で示された学習成果の目標に到達したかどうかを評価する際に、**修業年限***における卒業率や国家試験の合格率といった指標を用いる大学もあります。こういった指標で学習成果が十分でないと判断した場合は、カリキュラムの改善を検討しなければならないでしょう。具体的にはたとえば、**リメディアル教育***や**キャリア教育***の実施、授業科目の統合や分割、必修あるいは選択の見直しなどが考えられます。

(3) 説明責任を果たす

教育基本法*によれば、大学には「学術の中心として、高い教養と専門的能力を培うとともに、深く真理を探究して新たな知見を創造し、これらの成果を広く社会に提供することにより、社会の発展に寄与する」という

目的があります。

　学習成果は、社会の発展に寄与しうる資質や能力を学生が身につけたことの証左となるものです。大学が目的を達成し社会的責任を果たしていることを示すために、学習成果の公表が必要だといえるでしょう。

　学習成果の公表については、法令や政策文書で規定されています。**学校教育法***は、すべての大学に教育研究活動の状況を公表することを義務づけています。公表すべき情報は学校教育法施行細則に定められている表2のようなものです。表2で示すもの以外についても、「教育上の目的に応じ学生が修得すべき知識及び能力に関する情報を積極的に公表するよう努めるものとする」とあるように、学習成果に関する情報公表が大学に求め

表2　学校教育法施行細則で規定される公表が義務づけられている情報

1　大学の教育研究上の目的及び第165条の2第1項の規定により定める方針※に関すること
2　教育研究上の基本組織に関すること
3　教員組織、教員の数並びに各教員が有する学位及び業績に関すること
4　入学者の数、収容定員及び在学する学生の数、卒業又は修了した者の数並びに進学者数及び就職者数その他進学及び就職等の状況に関すること
5　授業科目、授業の方法及び内容並びに年間の授業の計画（大学設置基準第19条の2第1項（大学院設置基準第15条において読み替えて準用する場合を含む。）、専門職大学設置基準第11条の2第1項、専門職大学院設置基準第6条の3第1項、短期大学設置基準第5条の2第1項及び専門職短期大学設置基準第8条の2第1項の規定により当該大学が自ら開設したものとみなす授業科目（次号において「連携開設科目」という。）に係るものを含む。）に関すること
6　学修の成果に係る評価（連携開設科目に係るものを含む。）及び卒業又は修了の認定に当たつての基準に関すること
7　校地、校舎等の施設及び設備その他の学生の教育研究環境に関すること
8　授業料、入学料その他の大学が徴収する費用に関すること
9　大学が行う学生の修学、進路選択及び心身の健康等に係る支援に関すること

※ディプロマ・ポリシー、カリキュラム・ポリシー、アドミッション・ポリシーを指す。
出所　学校教育法施行細則第172条の2

られています。

　さらに、2020 年に中央教育審議会大学分科会から出された「教学マネジメント指針」では、大学としての学習成果や教育成果に関する公表すべき情報として具体例が挙げられています（中央教育審議会大学分科会2020）。たとえば、卒業率、留年率、退学率、進路決定状況、学生の成長実感・満足度、学習時間といったものです。学習成果を評価する指標を検討する際には、法令や政策文書にある情報も参照しなければならないでしょう。

(4) 教育の内部質保証を推進する

　学生に対する学習機会の設計、提供、そして学習成果の評価は、教育の**内部質保証***を行う過程と対応しています。教育の内部質保証を行う過程とは、各大学が自ら学習成果の目標を定め、その到達を促す教育活動を設計・提供し、学習成果の評価を行い、十分でないと判断される面に対して教育改善を図るといったものです。この一連の流れを、各大学が学部等の構成や施設・設備などの事情にあわせて主体的に推進していきます。

　学習成果の評価は、教育の内部質保証において重要な役割を果たします。大学における教育がうまくいっているかどうかは、ディプロマ・ポリシーなどで定めた学習成果の達成度合いで判断できるからです。学習成果の評価は、教育の質の評価ともいえるでしょう。

4　カリキュラムを通した学習成果の評価は難しい

(1) 万能な評価方法はない

　一般に、学習成果の評価方法には、**直接評価***と**間接評価***、量的評価と質的評価があり、それぞれを 2 つの軸で分類すると、図 1 のような 4 つのタイプが考えられます（松下 2012）。これらのさまざまな評価方法が開発された背景には、万能な評価方法はないことが挙げられます。

たとえば、図1の客観テストは解答が明確に決まる設問のみで構成され、評価を客観的に行うことのできる方法です。医療系分野の国家試験や教員採用試験でも用いられています。しかし、学生が自分の考えを表現する能力や、論理的に思考するプロセスを評価するのには限界があります。

　国家試験や教員採用試験の中には、客観テストだけでなく面接を併用するものも多くあります。面接は、客観テストでは評価できない能力を評価できる**パフォーマンス評価***の方法の1つです。ただし、パフォーマンス評価のような質的評価は、量的評価と比較して評価に時間を要する傾向にあるため、客観テストとは別の意味で限界のある方法といえます。

　したがって、評価方法は評価対象となる能力とそれらの程度によって、適切なものを選定しなければなりません。それぞれの評価方法がもつ利点や限界も考慮し、複数の方法を組み合わせることも検討しなければならないことが、評価の難しさの1つといえます。

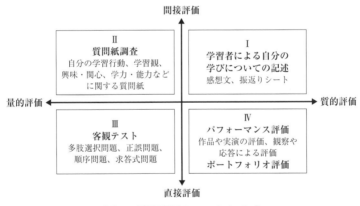

図1　学習評価の4つのタイプ

出所　松下（2012）

(2) 評価にかかるコストは無視できない

　パフォーマンス評価は客観テストなどの量的評価に比べて時間を要すると先に述べましたが、量的評価にもある程度の時間は必要となります。また、アセスメントテストやアンケート調査を業務委託する場合など、費用がかかる場合もあるでしょう。つまり、どのような学習成果の評価であっても、時間や費用のようなコストを要するのです。あまりに多くの評価を行うとコストが肥大化してしまい、教職員にとっても学生にとっても大きな負担になってしまいます。

　したがって学習成果の評価は、評価する側とされる側の双方が許容できるコストの範囲内で行われるべきものといえます。許容できるコストは有限と考えると、実践可能な評価の種類や回数には限界があると考えた方がよいでしょう。もちろん、コスト削減を重視しすぎるあまり、学習成果の評価が改善や説明責任の遂行につながらないのは本末転倒です。どの程度のコストをかければ、改善や説明責任の遂行の効果が十分見込めるのかを考えるのも、学習成果の評価の難しい点でしょう。

(3) 基準の設定が難しい

　学習成果を評価するためには、評価の基準を設定しなければなりません。基準の設定には、解決を要する課題があります。まず、基準の妥当な水準についてです。大学では必修科目だけでなく選択科目も用意されており、学生によって履修する授業科目は異なります。卒業要件を満たす限り、どのような履修行動をとる学生にとっても公平に到達可能な水準に設定しなければなりません。もちろん、どの学生にとっても到達不可能な高すぎる水準や、高等学校と同程度のような容易すぎる水準は避けるべきでしょう。

　次に、評価可能な基準に設定するのも課題です。資質や能力は直接目に見えないため、そのまま評価するのは容易ではありません。目に見える形に変換するには、学生本人が資質や能力を表す行動をとる必要がありま

す。学生に求める行動は、評価したい資質や能力を表すものかどうか、評価の**妥当性***を検討しなければなりません。

　また、学習成果の評価は授業科目では担当する教員により行われますが、カリキュラムレベルでは学部等により行われます。正確には、学部等で定めた共通の基準にそって、個々の教員が評価を行います。したがって、実際に評価を行う教員や、評価を支援する職員が、基準の内容や意図を理解していることが、カリキュラムを通した学習成果の評価においては不可欠です。基準に対する関係者間の共通理解を得るのも課題に含まれるでしょう。

(4) フィードバックの充実も課題となる

　カリキュラムを通した学習成果を、学生へのフィードバックに活用する視点も大切です。成績評価やアセスメントテストの結果を一覧できる形で学生に返却する大学は多いですが、学生は、返却された結果をどのように解釈したり活用したりすればよいかわかるとは限りません。そもそも結果を十分に確認しない学生もいると想定されます。大学あるいは学部等は、カリキュラムを通した学習成果のフィードバックの充実を図るべきでしょう。

　ただ、実際にそういった機会を提供する教職員が、カリキュラムを通した学習成果に関する現状を把握していない場合もあります。学生の成績分布がどのような状況になっているのか、アセスメントテストでどのような知識、技能や態度を評価しているのかを認識できているのは、学部等の執行部に限られる場合もあるでしょう。フィードバックをする当事者となる教職員が、カリキュラムを通した学習成果について理解を深めることが出発点となるでしょう。

(5) 評価を機能させる仕組みは形骸化しがち

　カリキュラムを通した学習成果を評価するにあたっては、評価するためのツールや評価結果を活用する組織など、評価を機能させる仕組みが活用

されます。しかし「卒業論文を評価する**ルーブリック***を作成したけど活用されない」「評価結果をもとに改善を検討する委員会はあるけど、会議では改善が検討されずに評価結果の報告にとどまる」といったように、評価を機能させる仕組みが十分に機能せず形骸化してしまうことがあります。

　形骸化の要因にはまず、評価を機能させる仕組みに対する関係者の理解が不足していることが挙げられます。仕組みの導入は学科長や教務委員のように、学部等の役職者で検討される場合が多いでしょう。このような場合、役職者以外の一般の教職員が、設けた仕組みの趣旨や機能を十分に認識しないおそれがあります。また、役職者は数年の任期で交代するため、次の役職者が仕組みについてうまく引き継がれず「前の役職者がやっていたから」という理由だけで仕組みを動かし続けるかもしれません。いずれも、仕組みが形骸化する危険信号と位置づけることができるでしょう。

　本来と異なる趣旨で仕組みを導入した場合も、形骸化の要因となります。たとえば、ある補助金の受給要件が**ディプロマ・サプリメント***を発行するシステムの導入であった場合を考えてみましょう。ディプロマ・サプリメントは本来、卒業時の学習成果を説明する補足資料として活用するのですが、もし補助金の受給だけを目的としてシステムを導入したのであれば、実際にディプロマ・サプリメントが活用される可能性は低いでしょう。

　いずれの要因もどの大学でも生じうるものであり、学習成果の評価を機能させる仕組みは形骸化しがちであることを念頭に置くとよいでしょう。そのうえで、仕組みの設計や、作った仕組みをうまく機能させるための戦略が練られるべきです。場合によっては、仕組みの運用をやめたり変えたりする方がよいかもしれません。

学習成果の評価の構成要素を理解する

1 学習目標にそって評価する

(1) 評価にはさまざまな構成要素がある

学習成果を評価するにはまず、何を評価するかを定めなければなりません。コミュニケーション能力が高い、あるいは運動が得意など、人の長所はそれぞれで異なることからわかるように、学習成果には多様な資質や能力があります。

資質や能力が多様であるのと同様に、それらを評価する方法も多様です。学習成果の評価はすべて筆記テストで行われるわけではありません。何を評価するかによって、適した評価方法も異なるためです。学習成果を評価する際には、評価方法の選択肢と、それらと評価の観点がどのように対応するかを知らなければなりません。

評価の観点や方法に加えて、評価の主体、目的、基準も構成要素に含まれます。それぞれの構成要素に複数の選択肢がありますが、その理由は、授業科目やカリキュラムによって学習目標が異なるためです。学習目標とは、学生が何をどこまで学習すればよいのかを明示したものを指します。多様な資質や能力のどれに重点を置き、どのようなバランスで学生に身につけてもらいたいかを示したものといってもよいでしょう。

学習目標が定まると、学習成果の評価の構成要素それぞれについて、どの選択肢を選べばよいかを考えやすくなります。そこで以下ではまず、学習成果の評価の構成要素を理解する前提として、学習目標の定め方について説明していきます。

表1　学習成果の評価の構成要素

・誰が評価するか（主体）
・何のために評価するか（目的）
・何を評価するか（観点）
・どのような基準で評価するか（基準）
・どのような方法で評価するか（方法）

(2) 学習目標を定める意義を理解する

　学習目標を定めるもっとも大きな意義は、評価の観点や基準が明示されるところにあります。「何をどこまで学習すればよいのか」の「何を」にあたる部分が評価の観点、「どこまで」にあたる部分が評価の基準です。

　卒業論文を例にとって考えてみましょう。もし、カリキュラムにおける学習目標が定められていなければ評価者、つまり指導教員によって卒業論文の評価基準にばらつきが生じるおそれがあります。ある教員は海外の先行研究を複数引用し批判することを求めるかもしれませんし、別の教員は国内の先行研究を参照していれば十分と判断するかもしれません。「国内の先行研究を複数引用し、先行研究の限界を指摘できる」といったように目標を定めておくと、卒業論文として担保すべき学習成果の水準がわかりやすくなります。教員間で評価の観点や基準の共通認識をもつことや、**内部質保証***にもつながるでしょう。そして学生にとって学習目標は、何をどこまで学習すればよいかの道筋を示すものになります。道筋がわかることで学生は、学習意欲を高めやすくなるでしょう。

(3) 学習目標と評価の連関を高める

　学習目標を定めただけではうまく機能しません。学習目標にそった評価が実際に行われることで、学習目標を定める意義を満たすことができます。

　学習目標にそった教育活動や評価を一体的に検討するカリキュラムのモデルとして、**逆向き設計***があります（ウィギンズ、マクタイ 2012）。逆向

き設計は①卒業時に理解しているべきことを明確にする、②理解したことを確認するための評価課題を準備する、③評価課題の成果が最大になる教材と学習経験を用意・配置するという3つの段階を一体的に設計する考え方です。①は学習目標、②は学習評価の方法、③は学習経験や教育活動に該当します。「逆向き」とよばれるのは、通常は③、つまり何を教えるかを一番先に考えがちなところを最後に考えるためです。逆向き設計でのカリキュラム編成により、学習目標にそった教育活動や評価が促進されると想定されています。

なお、逆向き設計の考え方は、個々の授業科目にも援用可能です。学習目標、学習評価の方法、教育内容の順に設計していくことにより、それぞれの整合性の担保を促します。

(4) 到達目標を評価可能な形で示す

学習目標のうち最低限達成すべきことが記述されたものは特に、**到達目標***と呼ばれます。到達目標の代表例は、**シラバス***で示される授業科目の学習目標です。到達目標は達成度を評価できる形で設定されなければなりません。

評価できる形で到達目標を示すにはまず、第三者からでも目に見える行動の形で表現するようにします。たとえば「覚えている」という表現より、覚えたことを「説明できる」「発表できる」といった行動を表す動詞を用いて到達目標を設定するとよいでしょう。こういった到達目標であれば、説明やプレゼンテーションなどの成果物をもとに他者が評価しやすくなります。

基準をより明確にするのであれば、行動を表す動詞に条件を設定します。「説明できる」という到達目標であれば「○○について3つ以上説明できる」といったように定量的な条件を含むものにする形です。「初めて聞く人にもわかりやすく説明できる」というものにすると、ただ「説明できる」よりも高い基準の到達目標になります。こうした条件を設定すると、基準をより明確にできるのはもちろん、到達目標の水準を調整するこ

ともできます。

(5) 望ましい方向性の形で示される目標もある

到達目標は最低限達成すべきものという前提で設定されますが、学習目標の中には「チームで問題を解決しようとする態度を身につける」などのように最低限の基準を示しにくい目標もあります。こういった目標は望ましい方向性を示すものであることから、**方向目標***と呼ばれます。

方向目標はできていればいるほど望ましいという考え方で設定されています。先の例であれば、学生がチームで問題を解決しようとしているほど評価が高いとみなされます。基準が示されない方向目標に基づく学習成果の評価は、到達目標に基づく評価よりも難しいのが一般的です。しかし、方向目標であっても、一定の段階にある人はどのような行動をとろうとするかについて、可能な限り検討すべきでしょう。

2　さまざまな資質や能力が評価対象となる

(1) 学習目標には３つの領域がある

学習成果にはさまざまな資質や能力が含まれますが、いずれの資質や能力も学習目標となります。学習目標を分類する枠組みとして、教育心理学者のブルームを中心に提唱された**ブルーム・タキソノミー***（分類体系）が普及しています。

ブルーム・タキソノミーに基づけば、学習目標は**認知領域***、**精神運動領域***、**情意領域***の３つの領域に分かれます。認知領域は、知識の習得とその活用に関する領域です。知識の記憶だけでなく、記憶した知識を活用して行う推論や判断も、認知領域に該当します。また、精神運動領域は技能や表現に関する領域、情意領域は興味や関心、態度に関する領域です。

同じ領域であっても、複数の段階が設定されている点も重要です。認知領域においては推論や判断の方が、知識を記憶するだけでなく活用しなけ

ればならないため、より高次な目標といえます。同じ領域でも、低次のものから高次のものに分かれるのです。

ブルーム・タキソノミーは学習成果を評価する際の観点にも応用されています。「知識・理解」「思考・判断」「技能・表現」「関心・意欲・態度」といった分類で、**ディプロマ・ポリシー***の観点が定められている大学も多くあります（中井編 2022）。「知識・理解」「思考・判断」は認知領域、「技能・表現」は精神運動領域、「関心・意欲・態度」は情意領域に関連する観点です。**学校教育法***や学習指導要領で定められている学力の3要素も、ブルーム・タキソノミーを基礎として規定されています。

(2) 評価の観点にふさわしい方法がある

学習成果はさまざまな方法で評価されます。学校で用いられる主要な評価方法としては、表2のようなものがあります（梶田 2010；中島編 2018）。表にある◎は評価方法として適していることを、○は工夫すれば評価方法として活用できることを示しています。知識の習得度合いや理解の程度を評価するのであれば、筆記テストや面接が適していることがわかります。技能の習得度合いを評価するのであれば学生が技能を実際に活用している様子を観察する方法がふさわしいでしょう。

技能や態度を評価する際は、**ルーブリック***のような学習成果の観点や基準を定めたツールが用いられる場合もあります。また、**ポートフォリ**

表2　評価対象の能力と評価方法

	知識・理解	思考・判断	技能	関心・意欲	態度
筆記テスト	◎	○		○	○
レポート	○	◎	○	○	◎
面接	◎	◎		◎	○
実技・実演		○	◎	○	○
ポートフォリオ			○	○	○

出所　梶田（2010）、中島編（2018）

オ*に蓄積された学生の成果物や学生の振り返りに関する記述からは、学習成果の背景となる学習経験や学習行動の情報も把握することができるでしょう。

　同じ「知識・理解」であっても、記憶を再生できるかを確認するのであれば筆記テストで十分評価できます。しかし、複数の資料を総合的に判断し結果を推論できるかといった高次の能力を評価する際には、ある程度まとまった量の文章を評価対象の成果物とした方がよいかもしれません。その際は、レポートによる評価を行う方がよいでしょう。筆記テストでも記述式の設問で文章を書いてもらうことはできますが、時間の制約上、書ける文章の分量には限界がある点には注意しなければなりません。

(3) 学生の成果物や自己認識をもとに評価する

　学生が単位を修得し、卒業するには、授業科目やカリキュラムを通した学習成果が一定水準以上であると認められなければなりません。一定水準かどうかを判断する主要な方法は、授業科目の学習成果であればテストやレポート、カリキュラムを通した学習成果であれば卒業論文や卒業研究でしょう。こういった学生の成果物をもとに学習成果を評価する方法を**直接評価***といいます。先に示した表2の方法は、いずれも直接評価で用いられるものです。

　直接評価に対して、学生の自己認識をもとに学習成果を評価する方法は**間接評価***と呼ばれます。間接評価の主な方法は、アンケート調査やインタビュー調査などの学生調査です。「何をどの程度できると思っているのか」「どのように学習してきたか」といった設問に学生が回答することにより、学習成果を把握していきます。

　学習成果の評価方法として本来望ましいものは、直接評価です。ただし、直接評価には限界もあります。学生がその学習成果に至った経緯や背景を把握しにくい点です。教育効果があったからこその結果なのか、学生が意欲的に学習に取り組んだだけの結果なのかは、直接評価による把握は難しいでしょう。しかし、間接評価から学習行動や学習過程も把握するこ

とが可能です。学生の学習の改善に関する指導を行ったり、授業の内容やカリキュラムの改善を図ったりする際には、直接評価と間接評価の双方のデータを活用すべきでしょう。

3　目的に合った時期に評価する

（1）継続的に学習成果を評価する

　学習成果を評価するタイミングは卒業時に限らず、在学中も含まれます。在学中にも学習成果を評価する重要性を示す理論に **IEO モデル***があります。IEO モデルとは、卒業時の学習成果は在学中の活動と入学までの環境や経験に影響を受けることを示したものです（Astin 1984 ; Astin 1993a）。I は入学までの環境や経験（Inputs）、E は在学中の活動（Environment）、O は卒業時の学習成果（Outputs/Outcomes）を意味します。

　IEO モデルに基づけば、卒業時の学習成果の背景を知るには、入学時点や在学中に学生がどの程度の資質や能力を身につけているかも把握すべきでしょう。

（2）入学時点の資質や能力を把握する

　入試時点で学生が何をどこまでできるのかは、入試で把握されます。入試を行う目的は、**アドミッション・ポリシー***で定められるような、入学後の学習に必要な資質や能力が身についているかどうかを判断するところにあります。入試のように、その後の学習への**レディネス***があるかを確認する目的で行う評価は、**診断的評価***と呼ばれます。

　入試の他にも、診断的評価に該当するものがあります。代表的なものは、入学時のアンケート調査でしょう。入学までの学習経験や学習行動や、入学後の学習意欲などを尋ねることで、入試の成績だけでは見えないデータも把握できます。

　入学時に**プレイスメントテスト***を行い、学生の習熟度を把握する大学

もあります。習熟度によるクラス分けを行うのが、プレイスメントテスト
の主目的です。プレイスメントテストは、必修科目である語学や理系の基
礎科目などを中心に行われます。

(3) 在学中の評価で学習を改善する

　学生に対するアンケート調査は入学時だけでなく、在学中にも行われま
す。調査に回答する時点で身についていることや、学習行動を振り返る項
目が多く含まれます。**汎用的技能***の習得度合いを確認するために、学外
の企業などが提供する**アセスメントテスト***を行う大学もあります。英語
の資格試験などで学習成果を在学中に確認している大学もあるでしょう。

　いずれの評価も、学生の学習に対する振り返りや学習の課題発見など、
その後の学習の改善を目的としたものです。このような目的で行われる評
価は、**形成的評価***と呼ばれます。形成的評価で重要なのは**フィードバッ
ク***です。学習成果の状況を学生に伝え、改善に向けた指導や相談対応を
行うと、学習成果を評価する意義を高めることができるでしょう。

(4) 学期末や卒業時に到達度を確認する

　大学に限らず、学校における教育活動では成績評価が行われるのが一般
的です。設定した到達目標をどの程度達成したかを確認するのが、成績評
価の目的です。最終的な達成度合いを確認するために行われる評価は、**総
括的評価***と呼ばれます。

　授業科目における学習成果の総括的評価は学期末に、カリキュラムにお
ける学習成果の総括的評価は卒業時に行われる場合が多いでしょう。特に
卒業論文や卒業研究は、在学中の学びの集大成です。医療系や教員養成系
など、卒業と同時に資格や免許の取得を目指す学部・学科では、卒業前に
受験する国家試験や教員採用試験が総括的評価の機会となります。卒業時
のアンケート調査で、ディプロマ・ポリシーの達成度について回答を求め
る方法も、総括的評価の典型的なものでしょう。

　なお、同じ授業科目の成績評価であっても、総括的評価とみなされる場

合もあれば、診断的評価や形成的評価とみなされる場合もあります。ある授業科目の成績評価は一般的にみれば総括的評価ですが、その授業科目の発展的な内容を学ぶ授業科目のレディネスをみる診断的評価とみなすこともできます。また、学習成果の状況に基づいて次の学期以降に向けた学習を計画していくような場合、当該科目の成績評価は形成的評価といえるでしょう。

4　学習成果の評価基準を定める

(1)　絶対評価が基本となる

　大学の授業科目では到達目標が設定され、その到達に向けた教育活動が行われます。ここでの到達目標は、学習成果を評価する際の絶対的な基準となります。到達目標のような絶対的な基準を用いて行う評価を、**絶対評価**[*]といいます。

　絶対評価は、学習成果を評価する際の最も基本的な方法です。カリキュラムを通した学習成果であれば、卒業論文や卒業研究により学習成果を評価しますが、その際にディプロマ・ポリシーを踏まえた資質や能力の基準が定められる場合もあります。こういったものも絶対評価の基準に該当します。

　絶対評価では、評価課題の難易度が評価に大きく影響を与えます。すなわち、評価課題が易しければ評価結果も全体的に高くなり、学生全員が基準を満たす可能性もあります。逆に、評価課題が難しければ、学生全員が基準に到達しないこともありうるのです。したがって、評価課題は学習目標にそった形で難しすぎず易しすぎないものに設定しなければなりません。どうしても評価課題が難しくなってしまうようであれば、学習目標の調整を検討すべきかもしれません。

(2) 相対評価を取り入れる場合もある

　絶対評価に加えて、**相対評価***で学習成果が評価される場合もあります。たとえば、プレイスメントテストの結果に基づいて英語や数学の授業を習熟度別にクラス分けする場合について考えてみましょう。1つのクラスには定員があるため、絶対評価で「○点以上の学生はAクラス、○点未満の学生はBクラス」といったクラス分けを行うと、Aクラスの定員を大幅に超えてしまうかもしれません。このような場合に用いられる方法が、相対評価です。

　相対評価とは、評価対象となる学生全体の中での相対的な位置によって評価結果が決まる方法を指します。「テストの点数で上位50％の学生がAクラス、下位50％の学生がBクラス」と定めておくと、テストの点数自体に左右されず2クラスの人数は一定となります。

　クラス分けのように、相対評価は教育活動に必要な人員や資源に制約がある場合に用いられます。たとえば専攻やゼミの配属を行う際、受け入れ人数以上の希望者が出れば成績上位者から順に受け入れることになるでしょう。成績優秀者や学内の奨学金受給対象者を決めるとき、あるいは面談の対象とする成績不振の学生を選出するときなどにも相対評価が用いられます。

(3) 個人内評価で資質や能力の伸びを確認する

　相対評価においては他者との相対的な位置をもって基準が決まっていましたが、それに加えて学生自身の過去の学習成果を基準とする方法があります。こういった方法は、**個人内評価***と呼ばれます。

　個人内評価を行うためには、入学時と卒業時、1年次と2年次、授業の初回と最終回など、少なくとも2つの時点での評価を行います。ディプロマ・ポリシーに即して入学時からどの程度資質や能力が高まったのかを学期末や学年末に振り返り、その後の学習目標の設定に活用すると、カリキュラムを通した学習成果の向上につながるかもしれません。学習目標の

到達度合いや他の学生の評価結果に左右されず、個人の変化に焦点を当てて評価できるのが、個人内評価の特徴です。学習成果が絶対評価でも相対評価でも良好とはいえない成績下位の学生に対しても、過去よりも伸びている部分があれば有効な手段となります。「前よりできるようになっているね」と学生の学習成果を承認しやすくなるでしょう。

　ただし教育の内部質保証の観点からすると、個人内評価に偏った形で学習成果を評価するのは適切とはいえません。基準が学生自身の過去の学習成果にあり、授業科目やカリキュラムで意図した学習成果と関連しないためです。個人内評価は、あくまで個々の学生へのフィードバックや学習意欲向上をねらいとして行うものであると認識しておくべきでしょう。

学習成果の評価体制を構築する

1　学習成果の評価には多くの組織が関わる

(1) 評価を行うのは教員個人だけではない

　一般的な単位認定は、学生が履修した授業科目について学習成果の評価を行う試験などによって、担当教員が行います。

　ただし、学習成果の評価は授業科目の担当教員が個人で行うとは限りません。複数の教員が担当する授業科目では、共通の観点や基準により各教員が評価し、授業科目の責任者となる教員が成績評価をとりまとめる場合もあります。卒業論文や卒業研究では、主査と副査による複数名の評価が行われることも多いでしょう。

　また、学習成果の**間接評価***として全学的な学生調査による方法があります。**IR***部門が学生調査を行う大学もあります。IR はインスティチューショナル・リサーチの略で「機関の計画立案、政策形成、意思決定を支援するための情報を提供する目的で、高等教育機関の内部で行われる調査（研究）」を指します（Saupe 1990）。IR の体制は大学により異なり、専門組織を構成する場合もあれば、関係部局の代表者から成る会議体を構成する場合もあります（塚本編 2022）。IR 部門は全学的な学生調査の実施に加え、データの分析や報告も担いうる組織です。さらに IR 部門は学部等と協力して、学習成果に関するデータの収集や分析を行う場合もあるでしょう。

(2) 学習成果のデータは分散している

　学習成果に関するデータは、学内のさまざまな部門で収集し管理されて

います。入試の結果は入試部門、成績や休退学など在学中の学習成果に関するデータは教務部門で管理されるのが一般的です。学生の就職先や課外活動に関するデータは学生支援部門が管理しています。そして、アンケートなど学生調査のデータは IR 部門といった学生調査の実施主体が管理する場合が多いでしょう。

IEO モデル*に基づけば、入学時、在学中、卒業時の学習成果や学習行動はそれぞれ影響し合っています。したがって、入学時、在学中、卒業時にわたって分散している学習成果のデータを統合して分析できる状態が望ましいでしょう。実際に、さまざまなデータを一元管理するデータベースを構築している大学もあります。一方で、多くの大学では各部門でデータが分散して管理されており、これらのデータをいかに集約できるようにするかは、学習成果の評価でよくある課題です。

(3) 事務組織の関与も大きい

　学習成果の評価を行うのは、**直接評価***であれば教員、間接評価であれば学生が中心です。ただし、評価した後のデータを集約したり可視化したりする過程では、入試部門や教務部門などの事務組織に所属する職員が、実質的な役割を担っています。特に教務部門の職員は各授業科目の成績や学生の学籍に関するデータを集約するとともに、学生から履修や修学に関する相談を受け付けています。教員は自分が担当している授業科目や指導している学生の学習成果については詳しく把握していますが、自身が直接に関わっていない学生の学習成果については、知る方法がなかなかありません。それに比べて職員は、学部等の全授業科目や学生の状況を俯瞰的に見ることのできる立場にあります。したがって同じ学習成果のデータを見ても、教員と職員では気づきが異なるかもしれません。

　また、データの管理については情報システム部門の職員が関与する大学もあります。データベースの構築や **BI ツール***を用いたデータの可視化に詳しい職員もいるかもしれません。全学的に学習成果のデータを収集し管理しようとするのであれば、情報システム部門の職員の協力を得るのが望

ましいでしょう。

内部質保証*を担う企画部門の職員は、大学執行部を支援する立場として学習成果に基づく説明責任を果たす役割を担います。認証評価*の基準を満たしているかどうかや、運営費交付金や私立大学等経常費補助金の配分にかかる条件や基準と合致しているかを、教員とともに職員は検討しています。このように、学習成果の評価結果を解釈したり活用したりする役割は、教学関連の部門以外の職員も担いうるものです。

(4) 改善を支援する組織も関わる

学習成果の評価はそれ自体が目的ではありません。評価結果に基づく教育改善が目的です。教育改善を担う組織も、学習成果の評価と大きく関連しているといえるでしょう。

FD*を担う部門は教育改善の専門組織です。FDとはファカルティ・ディベロップメントの略で、もともとは授業改善を意味していました。現在でも狭義では同様の意味ですが、広義には教員個人の能力開発と組織の発展に寄与する組織的な取り組みを指します（佐藤 2022）。FD部門の学習成果の評価に関する役割は、大学によって異なります。評価結果に基づく研修を行う役割もあれば、学習成果の評価計画を立案したり学生調査のようなIR部門に近い役割を担ったりもします。どのような役割を担うにしても、FD部門は学習成果を把握することを期待されているといえるでしょう。

2　授業科目とカリキュラムとの連関を高める

(1) 学習目標を連鎖させる

大学には建学の精神や大学憲章といった大枠となる教育理念があります。全学共通のディプロマ・ポリシー*は、大学の教育理念を踏まえて策定されることを期待されています（中央教育審議会大学分科会大学教育部

会 2016)。

　全学共通のディプロマ・ポリシーは学部等が設定するカリキュラムのディプロマ・ポリシーと関連づけられ、カリキュラムのディプロマ・ポリシーは授業科目の学習目標と対応すべきでしょう。これらが対応していることで、個々の授業科目での学習成果が、カリキュラムのディプロマ・ポリシーに定める資質や能力の習得につながっていることを示せるのです。

　具体例を表1に示してみます（ウォルワード 2013）。表1では「多様な読者に対して」「文章によって」コミュニケーションがとれることを全学共通の学習目標としています。それを踏まえて経営学専攻のカリキュラムレベルでは「専門家や一般の顧客に対して」「一般的なビジネス書式を使って」といったように、対象や手段が具体的に記述されています。さらに財政学の授業科目レベルではビジネス書式の中でも「ファイナンスレポート」を書けることを学習目標にしています。以上のように全学的な教育理念とディプロマ・ポリシー、そして授業科目の学習目標が一連のものとなると、授業科目の成績評価とカリキュラムを通した学習成果の連関を高めることができるでしょう。

表1　学習目標の対応例

全学レベル	学生は、多様な読者に対して、文章によって効果的にコミュニケーションをとることができる。
カリキュラムレベル	経営学専攻の学生は、専門家や一般の顧客に対して、一般的なビジネス書式を使って効果的にコミュニケーションをとることができる。
授業科目レベル	この財政学の授業修了時には、～という書式のファイナンスレポートが書ける。

出所　ウォルワード（2013）を一部改変

（2）カリキュラムにおける学習目標との対応を促す

　授業科目の担当教員がディプロマ・ポリシーにそった学習目標を定めやすくするために、**シラバス***のフォーマットでディプロマ・ポリシーとの

対応の記入を求める方法があります。具体的には図1のように、学習目標と「ディプロマ・ポリシーとの関連」といった項目を設け、全学あるいは学部等のディプロマ・ポリシーから授業科目と特に関連するものを選択する方法です。図1で示すような項目の入力を必須にすると、授業科目の学習目標とディプロマ・ポリシーの連関を高めやすくなるでしょう。

あらかじめ学部等として、各授業科目の学習目標とディプロマ・ポリシーとの関連を指定しておく方法もあります。そうすると、授業科目の担当教員は学部等から指定されたディプロマ・ポリシーに基づき、学習目標をシラバスに記入していくことになります。

いずれにせよ、授業科目の学習目標とディプロマ・ポリシーを関連づける意義や、**認知領域***、**精神運動領域***、**情意領域***といった目標の分類に関する教員の理解が必要となります。研修を行ったりあるいはシラバス作成のガイドラインを提示したりするとよいでしょう。**カリキュラム・マップ***で各授業科目とディプロマ・ポリシーの関連づけを示す方法も考えられます。どういった方法をとるにしても、カリキュラムの編成に関わる教員や教務部門の職員が中心となり、両者の関連づけが形式的にならないような工夫を施していかなければなりません。

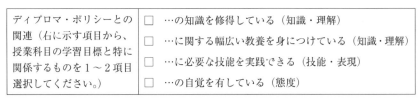

ディプロマ・ポリシーとの関連（右に示す項目から、授業科目の学習目標と特に関係するものを1〜2項目選択してください。）	☐ …の知識を修得している（知識・理解） ☐ …に関する幅広い教養を身につけている（知識・理解） ☐ …に必要な技能を実践できる（技能・表現） ☐ …の自覚を有している（態度）

図1 ディプロマ・ポリシーとの関連が明示されたシラバス作成画面の一部

(3) 成績評価の基準を統一する

シラバスの学習目標に記載された基準に到達した学生は、どのような成績となるのでしょうか。この問いに対する認識が教員間で一致していなければ、授業科目間で成績のつけ方に大きな差が生じるおそれがあります。

単位を与えるかどうかの境目となる成績の基準は、とりわけ明確にされるべきです。また、**GPA***を学習成果の評価指標として用いるのであれば、成績評価の平準化を検討すべきかもしれません。

　成績評価の基準を統一し明示することは、成績評価を平準化する方法の1つです。成績評価の基準は**アセスメントプラン***の一部として示される場合もあります。表2は「学習目標に最低限到達している」学生に対して「C」の成績で単位を与えることを示しています。一方で「B」の成績が「学習目標に十分到達している」と定義されているので、「C」の成績は学習成果に十分でない部分もあるという意図を含んでいると理解できます。表2のような基準があることで、教員間でシラバスに記載する学習目標の水準にずれが生じにくくなるでしょう。

表2　成績評価の基準例

評語	基準
S	学習目標を大幅に超える水準に到達している
A	学習目標を超える水準に到達している
B	学習目標に十分到達している
C	学習目標に最低限到達している
D	学習目標に到達していない

(4) 成績評価のガイドラインを作成する

　「『S』の割合は10％以内」といったように、成績評価に**相対評価***を取り入れて、内部質保証を図ろうとする大学があります。この場合の相対評価は、成績の過剰な上振れを避けるための方策となりうるでしょう。ただし、成績の分布に偏りが生じる場合は相対評価が適さないこともあります。たとえば、評点が100点満点の学生だけで「S」の割合の上限を超えた場合、評点が99点の学生に対して「A」以下の成績をつけざるをえな

くなります。相対評価を例外を認めない形で適用すると、成績評価に無理が生じるリスクがあるのです。

　表3で示すように、成績評価のガイドラインを設ける大学もあります[1]。その際にも「履修者数や科目の特性に応じて学部・研究科及び当該授業の担当教員が適切に判断できる余地を残す」といったように、柔軟性を含めたルールにしておくべきでしょう。

表3　成績評価のガイドラインの例

成績評価については、入門科目、語学科目及び体育科目などを含めたすべての科目について一律に相対評価を導入することは難しいため、従来どおりの絶対評価で行うことを基本とする。 　ただし、その場合でも学部・研究科ごとに緩やかな相対評価の基準を設定することが望ましい。例えば、学部ごとに一部の科目群について相対評価の目安を設定し、そのうえで目安から大きく乖離した成績分布の科目については、担当教員に説明を求めるなどの方法が考えられる。 　相対評価を導入する場合、「秀」の評語（評価）については、履修者数の概ね10％程度を上限とし、また、「秀」と「優」の履修者数に占める合計比率は、概ね40％程度を上限とすることを目安とすることなどが考えられるが、履修者数や科目の特性に応じて学部・研究科及び当該授業の担当教員が適切に判断できる余地を残すことが適切である。 　成績評価分布の目安については、内部質保証の観点からも、学部・研究科ごとに議論を深め、適切に対応することが求められる。

出所　「滋賀大学における成績評価のガイドライン」より一部抜粋[1]

3　データの取扱いルールを整備する

(1) 法的にデータは所有権の対象とはならない

　学習成果に関するデータは誰の所有物なのでしょうか。この問いに対する解釈はさまざまです。データを収集し管理している部門に権限があるという解釈や、授業科目の担当教員個人が所有するという解釈、そして学生

本人のものという解釈もあります。

　法的には、無体物であるデータは所有権の対象とはなりません（経済産業省 2019）。つまり、データにアクセスできる人であれば誰でもデータを利用できます。裏を返すと、アクセス権といったデータの取扱いルールを学内でしっかりと定めておかないと、データに関する権限をさまざまな個人や組織が勝手に主張し、データの取扱いに関する秩序が乱れかねません。

　データには学生の成果物が含まれています。そして、成果物には学生の著作権があります。また、成績のような学習成果の主要なデータには学生の **個人情報**＊も含まれています。著作権の侵害や情報漏洩のリスクを低減し、教職員間あるいは学生との間にトラブルを生じにくくするために、組織としてデータ収集や分析の過程におけるルールが整備されるべきなのです。

(2) データに関するルールづくりの指針がある

　データを取り扱う際のルールを整備する際には、既存の法令や学内規則を参照します。たとえば学籍のデータについて考えてみましょう。学校教育法施行規則では、入学や卒業などの学籍に関する記録を 20 年間保存することが定められています。入試や成績に関する表簿であれば保存期間は 5 年間です。しかし実際には、文書管理の規程などで学籍の記録は永久保存するといったように、法令より厳しい条件のルールを、学内規則として定める大学もあります。

　また、個人情報の保護に関する法律などの法令に基づき、個人情報保護や情報セキュリティに関する学内規則を定めている大学も多いでしょう。データを取り扱う際のルールづくりにおいては、既存の学内規則との整合性をとらなければなりません。

　ルールづくりの際には、国際的に普及しているガイドラインも参考になります。経済協力開発機構（OECD）が採択した『プライバシー保護と個人データの国際流通についてのガイドラインに関する理事会勧告』では、

データを取り扱う際の8つの基本原則を表4のように示しています（OECD 2013）。ルールに含める項目を検討する際の参考にできるでしょう。

また、多くの国立大学では学内規則をウェブ上に公開しています。公開されている学内規則の中にはデータに関するルールも含まれているので、自大学の具体的なルールのひな型として活用できるでしょう。この他、大学ICT推進協議会が策定した「『教育・データ利活用ポリシー』のひな型」も参照できます（大学ICT推進協議会 2023）。

表4　データを取り扱う際の8つの基本原則

1. 収集制限の原則	収集の際には個人への通知や同意取得を行うこと
2. データ内容の原則	利用目的の範囲内で正確、完全、最新の内容にすること
3. 目的明確化の原則	収集と利用目的を収集前に特定し、目的の範囲内で利用すること
4. 利用制限の原則	個人の同意や法令の規定がある場合を除き、利用目的以外で開示し利用しないこと
5. 安全保護措置の原則	データの消失、不正アクセス、改ざん、漏洩を避ける措置をとること
6. 公開の原則	個人にかかるデータの取扱いに関する公開された方針があること
7. 個人参加の原則	個人が自分に関するデータの取扱いに対して権利を有していること
8. 責任の原則	データ管理者がこれらの原則を実現させる措置を講じる責任を負うこと

出所　OECD（2013）

(3) データに関わる人や組織の安心につなげる

データに関するルールづくりにおいて、適正なルールが何かという問いの答えは1つに限りません。データに関わる人や組織の間で適正なルールを探る必要がありますが、どのようなルールをつくるにしても、安心してデータを取り扱えるものを目指すべきでしょう。データの収集、分析、管理に不安を感じる教職員がいると、学習成果の把握が難しくなってしまう

ためです。

　適正なものかどうかを考える枠組みとして、先に述べたOECDによる8つの基本原則を活用できます。作成したルールが8つの基本原則とどのように対応しているかを確認し、不足する部分がないかを検討するとよいでしょう。

　不足部分の検討に加えて、過剰に厳格なルールになっていないかにも注意を払うべきです。データに関わる人や組織にとってルールが厳しすぎると、データの収集、分析、管理のボトルネックになりかねません。データのやり取りの記録を残すルールについて考えてみましょう。「データの授受にあたっては双方の部門長の決裁を得る」をルールにすると、軽微なデータのやり取りでも部門長をはじめ数人の了承を得る必要が生じ、手続きが煩雑になってしまいます。「ただし、〇〇の場合はその限りではない」など、決裁を必要とする条件を限定すると、必要最小限の手続きで済むでしょう。

4　評価結果の共有体制を構築する

(1)　評価結果の理解が深まらなければならない

　授業科目の担当教員は成績評価を行うので、受講した学生がどの程度の学習成果であったかを把握しています。成績データについては通常、担当教員と教務部門の職員が個々にやり取りをするため、他の教員は担当授業科目以外での学習成果を把握することはできません。教学関連の一般的な業務フローでは、学習成果に関するデータの共有範囲は限定的といえるでしょう。

　学習成果に基づく教育改善は、学習成果の評価結果を広く共有するところから始まります。ここでいう共有は、データを見るだけではなく、教職員一人ひとりが学習成果のデータの意味を理解し解釈できるようになるということです。評価結果の共有は、改善に向けた課題を発見・抽出し解決

策を講じる前の段階に位置づけられるでしょう。学習成果の評価体制を機能させ、学習成果に基づく教育改善を実現するためには、評価結果を広く共有するための工夫を施さなければなりません。

(2) 学習成果の全体像を共有する

　一般の教職員が学習成果に関するデータを目にする機会に、**教授会***や教学関連の委員会などの会議体があります。こういった会議体で伝えるべき情報にはどのようなものがあるでしょうか。

　この問いを考えるにあたって参考になるのが、2020 年に出された「教学マネジメント指針」です。「教学マネジメント指針」ではディプロマ・ポリシーの達成状況を明らかにするための学習成果に関する情報として、表 5 のようなデータを挙げています（中央教育審議会大学分科会 2020）。これらのデータはカリキュラムレベルでの学習成果の全体像を示すものであり、学外への公表を期待されています。教職員一人ひとりも公表されるであろうデータについて知っておくべきでしょう。

　なお、データの共有にあたっては資料を配付するだけでなく、データをどのように読み取り解釈すればよいかの説明も補足すべきです。たとえば学習成果を前年度と比較できるように示すと、読み手が解釈しやすくなります。何かと比較対照できるデータは、読み手の理解と解釈を促すでしょう。時系列以外にも、学部・学科、入試種別、他大学、全国平均、特定の授業科目の履修者と未履修者など比較の軸はさまざまです。

(3) 広報媒体を用いて共有する

　会議体以外にも学習成果のデータを共有する方法があります。ポスターやニュースレターのような広報媒体を用いる方法です。会議体の資料を会議が終わった後で見返す機会はあまり多くないでしょう。そこで、広報媒体を用いてデータを示しておくと、学内の至るところでそれらを目にする機会が増えるでしょう。

　ただし、ポスターやニュースレターに掲載可能なデータには限りがあり

表5　公表が期待されているデータ

- ・各授業科目における到達目標の達成状況
- ・学位の取得状況
- ・学生の成長実感・満足度
- ・進路の決定状況等の卒業後の状況（進学率や就職率等）
- ・修業年限期間内に卒業する学生の割合、留年率、中途退学率
- ・学修時間
- ・「卒業認定・学位授与の方針」に定められた特定の資質・能力の修得状況を直接的に評価することができる授業科目における到達目標の達成状況
- ・卒業論文・卒業研究の水準
- ・アセスメントテストの結果
- ・語学力検定等の学外試験のスコア
- ・資格取得や受賞、表彰歴等の状況
- ・卒業生に対する評価
- ・卒業生からの評価

出所　中央教育審議会大学分科会（2020）

ます。したがって、どのデータを掲載するかを厳選しなければなりません。データの厳選にあたっては、何か特定のテーマを決めておくとよいでしょう。たとえばポスターを作成する際に「学習意欲と学習行動」とテーマを決めておくと「授業外学習が週○時間以上の学生の割合」「図書館で学生1人あたりが借りる本の冊数」といったように掲載するデータも絞られます。広報媒体を活用するからには、学外にアピールできる強みとなるデータが望ましいでしょう。しかし、教育改善に関する学内での議論を喚起したいという意図であれば、あえて自大学の課題や弱みを表すデータを混ぜておくのも効果的かもしれません。

（4）研修を実施する

大学設置基準*では、FD と **SD***をすべての大学に義務づけています。FD や SD の研修のテーマとして学習成果の評価を取り上げることにより、一般の教職員を含めて評価結果の共有を行うことができます。学習成果の評価そのものをテーマにしてもよいですし、**教学マネジメント***や内

部質保証など、教学関連の計画から改善までの一連の流れをテーマとして取り上げてもよいでしょう。

　研修の対象者は目的に応じて決まります。学習成果について広く共有を図るのであれば、全学の教職員を対象として実施します。多くの研修では、学外を含めた国内外の動向に関しての外部講師による講義が中心となっています。それを踏まえて学内の教職員からも、自大学の学習成果の現状について説明する時間を加えてもよいでしょう。参加する教職員にとって、学内の学習成果についての現状理解と問題意識の醸成を促すことにつながります。

　講義中心ではなく対話や議論を中心とした研修にしようとするのであれば、参加人数を絞るべきかもしれません。たとえば、カリキュラムに関わる教職員を各学部や学科から数名ずつ募り、学習成果に関する知識習得とともに学内の学習成果の評価に関する議論や対話を行う時間をとる方法があります。議論や対話のテーマとしては「所属学部・学科でアンケート結果をどのように教育改善に活用していますか。活用にあたって何が課題ですか」「学習成果がどの程度の水準であれば『A』の成績評価になると考えますか」といったようなものが考えられます。参加する教職員にとって、学部・学科として取り組む学習成果の評価への関心を高めたり、担当する授業科目とカリキュラムの評価のつながりを意識したりするテーマが望ましいでしょう。

評価の計画を立てる

1 評価から改善までの過程を理解する

(1) 評価目的の設定から始める

　卒業時の学習成果を評価する目的は、**ディプロマ・ポリシー***に定めた資質や能力を学生が習得しているかを知るためです。卒業論文や卒業研究の成績、国家試験の結果などから確認できるでしょう。在学中の学習成果は、在学中の学生に対する助言や学習支援に活用する目的で評価されます。**GPA***や修得単位数などのデータが評価の際に用いられるでしょう。そして、入試の結果や入学時のアンケート調査からは、新入生がどの程度**アドミッション・ポリシー***に定めた能力を身につけ、入学後の学習に取り組む**レディネス***をもっているかを把握できます。

　以上のことから、評価目的を定めると、収集すべきデータも決まってくることがわかるでしょう。逆に、やみくもにデータを収集してしまっている状態は、評価目的が定まっていないことに他なりません。評価目的の設定は、学習成果の評価に関するデータを効果的かつ効率的に収集するための第一歩となるのです。

(2) 評価方法を明確にする

　カリキュラムを通した学習成果を評価する方法はさまざまです。卒業時の学習成果であれば、表1のような評価方法があります。GPAや**アセスメントテスト***のスコアのような**直接評価***のデータと、学生に対するアンケート調査や就職率のような**間接評価***のデータの双方が学習成果の評価に用いられます。大学院では論文の本数や口頭発表の件数が用いら

れる場合もあります。

表1　カリキュラムを通した学習成果の評価方法や評価指標の例

・卒業論文、卒業研究
・アセスメントテスト
・国家試験の合格状況
・資格・免許の取得状況
・就職率
・学生に対するアンケート調査

　なお、表1に挙げたアセスメントテストや学生に対するアンケート調査は在学中にもよく行われています。在学中と卒業時、あるいは在学中に複数回にわたって同じ方法で学習成果を評価し、経年変化をみることで、学生への指導やカリキュラムの教育効果や課題を把握しようとするためです。

(3)　達成すべき質的水準を示す

　達成すべき質的水準とは、大学あるいは学部等が学習成果を十分であると判断できる水準を指します。卒業論文や卒業研究の**ルーブリック***で到達すべき段階や、アセスメントテストのスコアのように、すべての学生が達成すべき水準の形で示す場合もあれば、国家試験の合格率や就職率のように、一定以上の水準に到達した学生の割合で示す場合もあります。

　いずれの示し方であっても、なぜその水準を達成すべき質的水準にしたのか、その水準は学内外の状況に照らして適切なものなのか、といったことを大学側が説明できるようになっておかなければなりません。大学の中期目標や中期計画に照らして水準を設定する際にも、同様のことがいえます。たとえば「○○検定2級相当の語学力を有する学生が70％以上」といった水準を定めたとしても、「○○検定2級」が高等学校卒業程度の語学力を認定するものであれば、大学の水準にふさわしいものに修正すべきでしょう。逆に「○○検定1級に全員合格」のように、自大学の学生に

とって達成が困難なものも、水準としては不適当です。達成すべき質的水準を定める際には、学内外の現状とかけ離れた水準になっていないかにも注意を払うようにしましょう。

(4) 改善までの道筋を示す

学習成果の評価方針を立案するだけでは、**内部質保証**[*]につながりません。方針に基づいて評価し、その結果を教育の改善に活かしてはじめて、学習成果の評価方針が内部質保証に寄与するといえます。学習成果の課題がわからないうちに実際の改善策までは考えにくいものですが、改善までのおおよその道筋であればあらかじめ方針を定めておけるでしょう。

改善までの道筋で想定することはまず、学習成果を評価する責任主体です。成績評価であれば教員個人が行いますが、カリキュラムにおける学習成果の評価については、基本的に組織で行います。したがって、ここでいう責任主体とは個人というより学部等、機構、委員会といった組織であるべきです。

評価を実施した後は、その結果を構成員間で共有します。評価結果の共有は、評価の実施と同様に組織的に行うべきでしょう。**教授会**[*]や委員会のような会議体で、評価結果を共有する時期の見通しを考えておきましょう。

評価結果が共有されても、改善に向けた対話の場がなければ、教育の改善は生じません。したがって、改善に向けた対話の場としてどのような場を設定するか、誰が対話の場に参加するか、改善案についてどのように意思決定するか、といったことについても検討すべきでしょう。

2 評価にかかる計画を可視化する

(1) アセスメントプランの定義を理解する

学習成果の評価方針をアセスメント・ポリシーまたは**アセスメントプラ**

ン*と呼ぶことがあります。アセスメント・ポリシーという用語がはじめて政策文書として出たのは、2012年の**中央教育審議会***の答申「新たな未来を築くための大学教育の質的転換に向けて」においてです。当該答申においてアセスメント・ポリシーは、学習成果を評価するための「プログラム共通の考え方や尺度」と定義されています。

その後、学習成果の評価方針は**カリキュラム・ポリシー***に含まれるものとして取り扱われることもありましたが、2020年に中央教育審議会から出された「教学マネジメント指針」は、アセスメントプランという用語で学習成果の評価方針を定義しています。アセスメントプランには、学習成果の評価目的や考え方、尺度、達成すべき質的水準、評価の具体的な実施方法などが含まれます（中央教育審議会大学分科会 2020）。プランという表現には、学習成果の評価について具体的かつ実践的に計画し実施してほしいというメッセージがより強く込められたといえるかもしれません。

(2) 評価時点と評価方法を可視化する

アセスメントプランの典型として、卒業時、在学中、入学時の学習成果を評価する方法を一覧表の形でまとめたものがあります。表2のアセスメントプランは、いつ、どのような方法で学習成果を評価しているかを示している点が特徴です。

表2の縦方向に記載されている「全学レベル」「カリキュラムレベル」「科目レベル」は、どのレベルで学習成果を評価するかを指しています。科目レベルには、学生が履修する個々の授業科目における学習成果の評価方法、カリキュラムレベルにはカリキュラムを通した学習成果を評価する方法が挙げられています。全学レベルの部分では、カリキュラムによらずすべての学生に到達が期待される目標に対する評価方法が示されています。

また「入学時」「在学中」「卒業時」は、学習成果を評価するタイミングを表しています。入学時の列は、入試や入学決定後から入学直後ぐらいで行われる方法を示しています。

表2　学習成果の評価で用いられる主な方法

	入学時	在学中	卒業時
全学レベル	入試、入学時アンケート、面接、志望理由書、アセスメントテスト、1年春学期の成績	修得単位数、GPA、アンケート調査、退学率、休学率、進級率、授業外学修時間、図書館利用状況、担任面談結果、学生の受賞、アセスメントテスト	学位授与数、資格取得率、就職率、進学率、アンケート調査、卒後調査、企業アンケート、修業年限内卒業率、外部評価委員会答申
カリキュラムレベル	入試、入学時アンケート、入学時レポート、TOEFL、調査書、推薦書、入学時学力試験、面接、志望理由書、入学前教育	修得単位数、GPA、アンケート調査、退学率、休学率、資格取得、ポートフォリオ、進級率（留年率）、OSCE、CBT、実習、課外活動状況（インターンシップ）、TOEIC、留学プログラム参加者の成績、実習先調査、アセスメントテスト、成績分布、欠席調査、就職模試、授業外学修時間	学位授与数、資格取得率、就職率、進学率、アンケート調査、卒後調査、ポートフォリオ、卒業論文、学会発表状況、国家試験合格率、修得コンピテンシー総計、
科目レベル	入学前教育、プレイスメントテスト、高等学校時取得資格、TOEIC	成績、授業アンケート、中間テスト、小テスト、プレゼンテーション、ポートフォリオ、ルーブリック、出欠状況、TOEIC、履修辞退者の割合、検定合格率、学外実習評価	資格取得率、アンケート調査、履修状況

　学習成果の評価には非常に多くの方法がありますが、これらすべての方法を活用しなければならないわけではありません。たとえば、表2の中にある **OSCE**[*]は医療系の大学で用いられるものですし、**汎用的技能**[*]を測定するアセスメントテストを実施していない大学も多くあります。各大学の事情に合わせた適切な方法を取捨選択しましょう。

(3) 評価対象の資質や能力を示す

　表2のような評価の時期や方法を示す以外の形での学習成果の評価方針もあります。

　表3は、学生の資質や能力をどのような方法で評価しているかを示したものです[2]。「生命の尊厳を探究し、確固たる生死観形成の基礎を培う」という能力については、各年次末に「看護実践能力到達度評価」により評価

表3 資質や能力に対応した方法を示したアセスメントプラン

アセスメント項目 (ディプロマ・ポリシー等)	アセスメント指標（実施時期）
生命の尊厳を探究し、確固たる生死観形成の基礎を培う。	看護実践能力到達度評価（I群：ヒューマンケアの基本に関する実践能力1〜3、III群（特定の健康課題に対応する実践能力）の13終末期にある人々を援助する能力、V群（看護専門職者としての価値と専門性を発展させる能力）19（生涯にわたり継続して専門的能力を向上させる能力）の項目72：生命の尊厳を探究し、確固たる生死観形成の基礎を培う。）（1〜4年各年次末）
人間を総合的に理解し、科学的根拠に基づいた看護実践能力を身につける。	看護実践能力到達度評価（II群：根拠に基づき看護を計画的に実践する能力4〜9、III群：特定の健康課題に対応する実践能力10〜12）（1〜4年各年次末）看護技術到達度調査（2〜4年次各実習科目終了時）
看護・保健・医療・福祉の場における協働のための基本的能力を身につける。	看護実践能力到達度評価（IV群：ケア環境とチーム体制整備に関する実践能力14〜17）（1〜4年各年次末）
生涯にわたり自己を向上させゆく学習推進能力を身につける。	看護実践能力到達度評価（V群19：生涯にわたり継続して専門的能力を向上させる能力の項目71、73とV群20：看護専門職としての価値と専門性を発展させる能力）（1〜4年各年次末）
グローバルな視点から人々の健康問題を理解し、国際社会の中で他者と協同することのできる能力を身につける。	看護実践能力到達度評価（IV群18：社会の動向を踏まえて看護を創造するための基礎となる能力）（1〜4年各年次末）
その他の看護学部の取り組み	看護師国家試験の合格率（4年次末） 進路決定率（4年次末） AP事業による3段階のアセスメント

出所　創価大学看護学部ウェブページ[2]

することがわかります。学習成果とその評価方法の対応関係が明確になっているため、学習成果の評価方法の**妥当性***を検証するのにも活用可能です。加えて、現状の学習成果の評価に過不足がないかも確認しやすくなります。たとえば知識のような**認知領域***の学習成果を評価する方法が多すぎる一方で、態度など**情意領域***の学習成果を評価する方法が全くない、といった状況が生じるのを避けることができるでしょう。

(4) 評価の全体像を示す

　改善までの道筋を含めた全体像を示す形で、学習成果の評価方針が定め

られる場合もあります。愛媛大学などで用いられている表4のようなアセスメントプランの枠組みが参考になるでしょう。

　表4のアセスメントプランに含まれる項目は、①評価方法の名称、②実施時期や頻度、③実施対象学生の学年、④主な質問項目・内容の例、⑤手法、⑥実施責任部署、⑦結果の活用方法となっています。それぞれの評価方法について誰が責任主体となりどのように結果を活用するのかを示している点が、特徴的でしょう。

　ただし、これらの項目を1つの表にまとめて記載しているため、各項目で記載できる分量はそれほど多くありません。実際の改善に役立てるのであれば、どのように個々の教員に学習成果のデータを**フィードバック***するのか、学習成果について議論する場としてどのようなものを設定するのか、といったことも検討の対象となるでしょう。

3　評価の計画に関する共通理解を得る

(1)　評価方針を協働で作成する

　学習成果の評価には、多くの学部等や部署が関わります。したがって、評価の過程では関連する学部等や部署への配慮や調整が必要になる場合があるでしょう。全学的に統一した設問で学生に対するアンケート調査を実施するのであれば、学部等の事情に合わせた独自設問も加えられるようにするなどの配慮があるとよいかもしれません。IR*関連の部署と学部等の間で学習成果の評価に関するデータをやり取りするのであれば、その際の手順やルールも調整しておくべきでしょう。

　アセスメントプランを定める段階で関連する学部等や部署の関与を高めると、各部署に配慮した学習成果の評価を行ったり、学習成果の評価に関連する調整がスムーズになったりするかもしれません。入試、教務、就職のデータをもっている部署、システムを管理している部署など、アセスメントプランを定める際に巻き込むことのできる部署はさまざまです。もち

表4　評価の全体像を示したアセスメントプラン（抜粋）

名称	時期・頻度	学年	主な質問項目、内容等	手法	実施責任部署	結果の活用方法
新入生アンケート	4月	1年生	本学への満足度…	Webアンケート	教育・学生支援機構	…各学部の学習支援や…に活用
学年末アンケート	1-3月	全学年	学習行動…	Webアンケート	教育・学生支援機構	…各学部の授業方法や…に活用
卒業予定者アンケート	1-3月	4年生	在学中の状況…	Webアンケート	教育・学生支援機構	…各学部のカリキュラム改善…に活用
授業アンケート（共通教育）	年4回	全学年	学習の状況…	Webアンケート	教育・学生支援機構	…共通教育の授業方法や…に活用
成績不振学生の調査	年2回	全学年	学業不振の状況…	修学支援システム	教育・学生支援機構／各学部	…各学部の学習支援の改善…に活用
休退学調査	年1回	全学年	休学者数…	修学支援システム	教育・学生支援機構／各学部	…各学部の学習支援の改善…に活用
学生モニター会議	ニーズに応じて	全学年（学生代表者）	学習行動…	インタビュー調査	教育・学生支援機構	…授業方法や…に活用
学生代表者会議	年1回	全学年（学生代表者）	キャンパスライフ…	学長と意見交換	教育・学生支援機構	…学生へのフィードバックを検討
卒業者の進路状況	年1回	4年生	卒業者の進路…	修学支援システム	教育・学生支援機構	…就職支援の充実…に活用
卒業生調査	年1回	卒業後3年経過の卒業生	現在の就業状況…	Webアンケート	教育・学生支援機構	…各学部のカリキュラム改善…に活用

出所　愛媛大学ウェブページを一部改変[3]

46

ろん同じ学部等の中でも、所属する教員と事務担当の職員の間で協働するべきなのはいうまでもありません。

(2) 他大学の評価方針を参照する

アセスメントプランといっても、一から作成するのは容易ではありません。内部質保証の動きが活発化していることもあり、近年ではディプロマ・ポリシーなど3つの方針に関する情報とともに、多くの大学がアセスメントプランをウェブページ上で公開しています。初めて作成したり修正を検討したりする際には、他大学のアセスメントプランを参照してみるとよいでしょう。

他大学のアセスメントプランを参照する際には、設置種別や規模、学部構成が自大学と類似している大学の事例を探します。特に、カリキュラムを通した学習成果を評価する場合には、同様の学部等をもつ大学の事例が参考になるでしょう。

ただし、他大学の事例をそのまま参照できるケースは多くはありません。公開されている情報がすべてであるとは限らないためです。試行的に行っているアンケートの結果などは、学外には非公開としている場合もあるでしょう。学習成果のデータを公開する範囲を絞る大学もあるのです。以上の前提を踏まえたうえで、他大学のものを参照するようにします。

(3) 全学的な方針を先行的に示す

総合大学でアセスメントプランを作成する際、学部等で編成されるカリキュラムごとに作成するか、全学的に一斉に整備を進めるかのどちらかになるでしょう。いずれにしても、大学全体として内部質保証を図るためにはまず全学的な方針を示し、カリキュラムレベルのアセスメントプランとの整合性をある程度は担保すべきです。

整合性を担保するために、学習成果の評価にかかる全学的な方針を先行的に示すのも1つの方法です。たとえば、全学共通で実施するアンケート調査やインタビュー調査などの学生調査の実施について、表4のような形

で展開しておきます。各学部等は全学的な方針をアセスメントプラン作成の際の雛型として活用することができ、学部等を超えて実施している評価方法について関心を高める機会にもなるでしょう。

(4) わかりやすい形で示す

　ほとんどの大学や学部等の執行部は、2、3年ごとに一度交代します。アセスメントプランがわかりにくいものになっていると、執行部の交代時にアセスメントプランがうまく引き継がれません。なぜ現状の方法で学習成果を評価しているのか、誰が責任主体で学習成果を評価し、その結果を誰に対してどのように共有するのかといった評価方針の背景や具体に関する情報が十分に引き継がれないと、学習成果の評価や共有が形式的なものになってしまいます。学習成果の評価を形式的に行うだけではコストに見合う効果を期待できず、改善につながりません。

　また、アセスメントプランは学内だけでなく学外にも示される場合もあります。アセスメントプランを学習成果のデータとともに公表することで、大学としての使命の遂行に対する説明責任を果たすことができるでしょう。機関別認証評価では、内部質保証の体制が明確に整備されていることが基準として掲げられています。アセスメントプランが学外にもわかりやすい形で公表されていれば、内部質保証の体制が明確に整備されていることの証左ともなるのです。

5章

ルーブリックを作成する

1　ルーブリックはなぜ必要か

(1)　筆記テストで測りにくい能力もある

　学生時代に筆記テスト以外で成績評価を受けたことはどの程度あるでしょうか。その際の評価には、どのような方法が用いられていたでしょうか。「四分音符は八分音符の何倍の長さか」といった知識については、筆記テストで評価することが可能です。しかし、教科書に載っている曲をピアノで演奏できるかどうかを筆記テストでは評価できません。技能や態度のような、筆記テストで評価するのが難しい能力もあるのです。

　技能や態度を評価する際には、学生がプレゼンテーションや演奏などを実演するのを観察したり、学生が作成したレポートなどの成果物を確認したりします（梶田 2010）。実演やレポートは、習得した知識を単純に再生するだけでなく、複数の知識や技能を同時に用いたり組み合わせたりする課題です。このように「効果的に行動するために知識を活用する課題、あるいは、ある人の知識と熟達化を明らかにするような複雑な完成作品を表現する課題」を**パフォーマンス課題***と呼びます（ウィギンズ、マクタイ 2012）。そして、パフォーマンス課題の成果物を評価する方法の総称が、**パフォーマンス評価***です（西岡他編 2015）。

(2)　パフォーマンス課題を評価する

　パフォーマンス評価でよく用いられるツールが、チェックリストや**ルーブリック***です。チェックリストとは、表1のように評価項目が各行に並べられた表のことを指します。各項目についてできていればチェックを入

れます。チェック欄に、**自己評価***と他者評価の列が別々に設けられる場合もあります。自己評価と他者評価で異なる部分があれば、その部分が指導のポイントになるかもしれません。

　チェックリストは、できているかできていないかを評価する際には役立ちます。いくつかの工程がすでに決まっていて、それぞれの工程について評価するような場合には、チェックリストが適しています。しかしチェックリストのある評価項目に「✓」や「○」と入っていたとしても、どの程度できているか、できていないのであれば何ができていないのかを把握するのは容易ではありません。また、評価者が異なれば「✓」や「○」の基準も異なってくるかもしれません。

　ルーブリックは、そういったチェックリストの限界を克服できるツールです。ルーブリックは「ある課題をいくつかの構成要素に分け、その要素ごとに評価基準を満たすレベルについて詳細に説明したもの」と定義されます（スティーブンス、レビ 2014）。一般的には表2のような形で示されます。左端の列に並べられるのが課題の構成要素であり、評価の観点となるものです。評価の観点は規準とも呼ばれます。それぞれの観点に対する

表1　チェックリストの枠組み

	評価項目	自己確認	講師確認	備考
1 ○○できる	○○を××している	✓	✓	
	△△が適切に……されている	✓		
	……が●●になっている			
2 ××できる	○○を××している	✓	✓	
	△△が適切に……されている	✓	✓	
	……が●●になっている	✓	✓	

表2 ルーブリックの基本構成

評価の観点	尺度			
	良くできる	できる	もう少し	まだまだ
観点 （規準）		観点ごとの基準を説明する文章		

評価基準あるいは到達度合いを示すものが尺度です。表2では「良くできる」「できる」「もう少し」「まだまだ」の4段階で尺度が示されています。基準を説明する文章は通常1〜2文程度の短いもので表現されます。

(3) 真正の評価への期待から提唱された

パフォーマンス課題やルーブリックが注目されるようになった背景には、筆記テストに対する批判があります。筆記テストで提示される課題の多くは、現実世界の文脈から乖離しているという批判です。この批判に応える形で、**真正の評価***が提唱されるようになりました（ニューマン 2017）。真正の評価においては「現実世界における重要な挑戦をシミュレーションしたり模写したりするよう設計された」課題に取り組ませることを目指します（ウィギンズ、マクタイ 2012）。

たとえば、他者とのディスカッションを円滑に行う方法を知識として学んでいたとしても、実際のディスカッションで活用できなければディスカッションのスキルが身についたとはいえません。真正の評価を行うのであれば、実際に社会に出てから学生が遭遇する相手とのディスカッションの課題を設定し、その課題での成果を評価することになります。

現実世界で地域住民や企業の従業員とディスカッションをする際に、何をどこまでできていなければならないでしょうか。このような問いに対す

る答えが、ルーブリックの観点や基準を説明する文章に反映されるのです。**課題解決型学習***を取り入れた授業科目などが真正の評価を含みうるものですが、こういった授業科目でルーブリックを用いるのであれば、そこに含める観点や基準は、授業科目の学習目標とも整合性がとれていなければならないでしょう。

　もちろん、ルーブリックが用いられるのは真正の評価に限りません。プレゼンテーションやディスカッションのような特定の課題など、幅広いパフォーマンス課題に対して活用することができます。

2　ルーブリックの作成手順を理解する

(1)　観点を設定する

　ルーブリックの作成では一般的に、評価の観点を設定するところから始めます。観点を考えるにあたっては、その課題を通じてできるようになってほしいことを考えます。たとえば卒業時の学習成果をルーブリックで評価する場合、代表的な課題は卒業論文や卒業研究になるでしょう。**認知領域***、**精神運動領域***、**情意領域***のそれぞれについて、卒業論文や卒業研究で何をどの程度できるようになってほしいかを考えていきます。

　また、卒業時の学習成果は、**ディプロマ・ポリシー***に定められた学習目標の到達度によっても評価されます。この場合はディプロマ・ポリシーにそった形で観点を設定しましょう。ディプロマ・ポリシーに定められた学習目標の到達度を評価するルーブリックは、カリキュラム・ルーブリックと呼ばれます（表3）。

　カリキュラム・ルーブリックをつくるのであれば、ディプロマ・ポリシーをいくつかの小項目に細分化した箇条書きの形で記述するとよいでしょう。ディプロマ・ポリシーが長文で記述されていると複数の観点が混在してしまい、カリキュラム・ルーブリックの基準やそれを説明する文章を設定するのが困難になるためです。ディプロマ・ポリシーが細分化され

表3 カリキュラム・ルーブリックの例

	4（卒業時）	3（3年終了時）	2（2年終了時）	1（1年終了時）
①知識・技能	経営学の複数のテーマについて体系的に説明できる。		経営学の諸理論のうち、特に関心をもつテーマについて体系的に説明できる。	基礎的な経営知識を習得し、習得した内容を説明できる。
②思考・判断	経営学の知識を用いて実際のビジネスで生じている課題の解決策を複数提示し、最適なものを提案できる。	経営学の知識を用いて実際のビジネスで生じている課題の解決策を提示することができる。	経営学の知識を用いて実際のビジネスで生じている課題を考察し、指摘することができる。	実際のビジネスでどのような課題が生じうるかを考察し、その結果を説明できる。
③表現	論理的で説得力のある卒業論文の執筆および発表を行い、質疑にも的確に回答できる。	文章や口頭で自分の考えや調べた内容を論理的に表現できる。	文章や口頭で自分の考えや調べた内容を他者に伝わる形で表現できる。	文章や口頭で自分の考えや調べた内容を表現することができる。
④態度	経営学についてゼミなどで他者と知識や技能を研鑽し合うことができる。	経営学の関心領域以外の学習にも積極的に取り組むことができる。	経営学の特に関心を寄せる領域の学習に積極的に取り組むことができる。	経営学に関心をもち、自学自習に積極的に取り組むことができる。

出所　筆者作成

た箇条書きの形ならば、箇条書きされた小項目をそのままカリキュラム・ルーブリックの観点として活用することができます。表4の例ではディプロマ・ポリシーが4項目に細分化されているので、カリキュラム・ルーブリックの観点も4項目になります。観点が増えすぎると評価が煩雑になるため、ディプロマ・ポリシーの小項目が多すぎる場合はいくつかの小項目を1つにまとめて観点を作成する方がよいかもしれません。

表4　ディプロマ・ポリシーの記述例

①経営学の諸理論に関する幅広い知識を習得し、体系的に説明することができる（知識・技能）。
②経営学の知識を用いて、実際のビジネスで生じている課題の解決策を提示することができる（思考・判断）。
③経営学を主題として、文章や口頭などの形で論理的で説得力をもった表現ができる（表現）。
④経営学の幅広い領域に関心をもち、他者とともに学習する態度を身につけている（態度）。

出所　筆者作成

(2) 尺度を設定する

　観点を決めた後は、尺度について検討します。尺度も観点と同様に、段階が増えすぎると評価が煩雑になります。段階にまず含めるべきものは、各観点における最高段階です。最高段階は、基本的には学習目標に十分達している状態を指します。表4の①であれば「経営学の複数のテーマについて体系的に説明できる」といったような記述ができます。

　最高段階の水準を設定する際には、職業人として通用する水準や、資格や免許で求められる水準などを参考にして考えてみるとよいでしょう。また、過去の学生の実際の到達度も考慮に入れる必要があります。過去に卒業した学生を思い浮かべても、それらの学生の中に最高段階に達した人がいないのであれば、最高段階の水準が高すぎると考えた方がよいかもしれません。

　カリキュラム・ルーブリックには、表3のように学年進行と対応させる形で尺度を設定する方法があります。具体的には、卒業時に到達してほしい水準を最高段階として設定し、次の段階は3年終了時の水準、そして2年終了時、1年終了時で到達してほしい水準の4段階で設定する方法です。1年終了時の水準に到達していない段階を最低段階として加え、5段階で尺度を設定する場合もあります。

（3）基準を説明する文章を作成する

　尺度の各段階には、その段階に到達していることを説明する文章が書かれます。各段階の違いを明確にするための文章の作成のしかたはさまざまです。

　まず、量による区分で段階を分ける方法があります。表3の②思考・判断を例にとってみましょう。1年終了時にはビジネスで生じうる課題を考察し、説明できることが**到達目標***です。2年終了時にはそれに「経営学の知識を用いて」という条件が加わっています。できることの条件が加わると水準が高くなるという考えのもとで、段階が設定されているのです。

　さらに3年終了時には、ビジネスで生じる課題を指摘するだけでなく「解決策を提示すること」も求められるようになっています。そして卒業時には「解決策を複数提示」したうえで「最適なものを提案」できることを目標としています。

　段階を分ける際、動詞、形容詞、副詞の表現を変える方法が採用される場合もあります。特定の技能であれば「完全にできる」「おおむねできる」「少しできる」「できない」といった表現を含めれば、段階の違いを示すことができます。ただし、ルーブリック全般にいえることですが、「あまり」「全く」といった程度を表す用語は、人によって程度の解釈にずれが生じやすくなるので、注意が必要です。「知識を活用して状況を判断できる」「知識について説明できる」「知識を習得しようとしている」といったように、学習の程度の深さなどのパフォーマンスの違いで段階を分ける方が一般的には解釈を共有しやすいでしょう。

　なお、表3のカリキュラム・ルーブリックでは①の観点以外すべてが4段階に分かれています。①の観点のみ3段階になっていますが、ルーブリックはすべての観点で段階をそろえる必要はありません。表3の場合、①の観点については3年終了時点で卒業時の水準に到達することが期待されているのです。

（4）作成したルーブリックを点検する

　カリキュラム・ルーブリックが一通り作成できたら、実際に評価に活用する前に観点や基準が適切に定められているか点検しましょう。点検にあたっては、表5のような「ルーブリック作成の点検用ルーブリック」を参照することができます（沖 2016）。このようなルーブリックは、メタ・ルーブリックと呼ばれます（スティーブンス、レビ 2014）。表5のメタ・ルーブリックは6つの観点でルーブリックを点検できるようになってお

表5　メタ・ルーブリックの例

	もう少し工夫が必要なレベル	試用に耐えるレベル	十分に使えるレベル
評価指標が到達目標の一つ、あるいは複数に対応している。	・評価指標が測るべき到達目標に無関係に設定してある（0点）。	・評価指標が測るべき到達目標をより詳しくパフォーマンスとして記述してあるが、それが必要十分かどうかは分からない（1点）。	・評価指標が測るべき到達目標に対応し、何回かの試行を経て、到達目標を測る上で必要なパフォーマンスが網羅されている（2点）。
評価指標が求めるパフォーマンスを重複なく表現している。	・複数の評価指標に重複した内容が書かれていて、どこで採点するかに困る（0点）。		・評価指標が求めるパフォーマンスは独立している（2点）。
特徴の記述は学習の指針として分かりやすい。	・学習者が読んでも何ができるようになるかが分からない（1点）。	・何ができるようになることが求められているかは分かるが、基準の違いが分かりにくい（2点～4点）。	・学習の指針として明確に理解でき、基準の違いも明示されている（5点）。
特徴の記述に「まったく」－「非常に」などの用語を極力用いず、適切に特徴的なパフォーマンスを記述している。	・特徴の記述が、すべて「まったく」－「非常に」等の比較を表す言葉で表されていて、基準の違いが分からない（1点）。	・一部に基準の違いが分からない表現がある（2点～4点）。	・特徴の記述がすべて適切なパフォーマンスで表現されていて、基準の違いが明確に理解できる（5点）。
評価基準は採点しやすく設定してある。	・配点の方針が不明確で、高く評価したい評価指標、評価基準がまったく、あるいはほとんど読み取れない（1点）。	・一部に不適切な配点があり、採点結果が歪むことがある（2点～4点）。	・高く評価したいパフォーマンスを正当に高く評価するとともに、基本的な間違いを含むパフォーマンスを適切に低く評価している（5点）。
すべての評点の合計が配点と一致している。	・すべての評点の合計が採点の配点を超えている／足らない（0点）。		・すべての評点の合計が採点と配点と一致している（1点）。

出所　沖（2016）

り、各観点のレベルに応じて点数が割り振られています。すべての観点で最高段階であれば20点満点のルーブリックです。

　また、表6はメタ・ルーブリックに含めうる内容を示したものです。もともとは授業科目単位で活用されるルーブリックのチェックリストとして用いられるものですが、カリキュラム・ルーブリックに対しても活用可能でしょう（スティーブンス、レビ 2014）。観点、基準、尺度が重複なく明確に記述され、それぞれの間に整合性がとれていることを点検できます。「専門外の人にも理解できる」「読み手が意味を理解できる」といった項目により、ルーブリックの客観性も保持できるでしょう。

表6　メタ・ルーブリックの内容例

【観点】
・観点は、最終的に学生に求められる行動の要点を含んでいる。
・すべての観点が明確である。
・観点はそれぞれ明白に異なるものである。
・観点は学生がある程度知識を持っているスキル（例：文章を構成する、分析する、決まりを守って書く）に対応している。

【基準】
・基準は各観点に対応している。
・各基準は明確であり、類似の基準がない。
・3〜5段階ルーブリックの場合、基準は偏りがないように適切に割り振られている。

【尺度】
・各段階に設定された尺度は、各段階の基準にふさわしいものである。
・到達段階を示す評語は、否定的であったり落胆させたりするものではなく、肯定的で示唆的である。

【全般】
・評価しようとする学習成果に関連していることが明確である。
・専門外の人にも理解できる（専門用語を避けている）。
・教えることが可能なスキルを対象にしている。
・記載内容に書かれた事項やスキルを獲得する機会は全学生に平等に与えられている。
・全学生にとって公平で偏見のないものである。
・学生にとって自らの行動に対するフィードバックとして有益である。
・読み手が意味を理解できる。

出所　スティーブンス、レビ（2014）を一部改変

3 授業科目共通のルーブリックを作成する

(1) コモンルーブリックの定義を理解する

　特定のパフォーマンス課題を評価するルーブリックやクラスルーブリックは、基本的には授業科目の担当教員によって作成されます。したがって、ルーブリックは授業科目ごとに異なることになるでしょう。

　しかし、**内部質保証***を目的として複数の授業科目で共通のルーブリックを用いる場合があります。観点や基準を授業科目間で平準化することにより、内部質保証を図ろうとするのです。こういった、複数の授業科目で共通して用いられるルーブリックを、特に**コモンルーブリック***と呼びます。

　コモンルーブリックはさまざまな授業科目で提示されやすいパフォーマンス課題を対象に作成されます。表7は、プレゼンテーションのコモンルーブリックの例です（愛媛大学教育・学生支援機構教育企画室 2023）。声量、スピード、内容、質疑応答、時間といった5つの観点と、3段階の基準で構成されています。

　表8のような、**初年次教育***のアカデミックスキル全般を評価するコモンルーブリックもあります。このコモンルーブリックを作成する過程では、初年次教育で使われるテキスト内容の分析、コモンルーブリックを使う可能性がある教員を対象にした調査が行われました（葛西、稲垣 2012）。調査をもとに作成したコモンルーブリックで実際に初年次学生がスキルの自己評価を行い、自己評価の結果が妥当かどうか教員が確認して、コモンルーブリックの内容の検証も行っています。

(2) 学外のルーブリックを参照する

　内部質保証を担保していることを示すために、ルーブリックを一般に公開する大学も増えています。また日本では、日本高等教育開発協会が会員などから独自に収集したルーブリックをルーブリックバンクとして公開し

表7　プレゼンテーションのコモンルーブリック例

	3	2	1
声量	教室全体に声が届いており、最初から最後まで聞き取れる	教室全体に声が届いているが、内容が聞き取れないことがある	発表をとおして教室全体に声が届かず、教室の端では内容がよく聞き取れない
スピード	説明するスピードが適切で聞き取りやすい	説明するスピードは概ね適切だが、一部聞き取りにくい	説明するスピードが遅すぎる、または早すぎて、終始聞き取りにくい
内容	わかりやすい順序で構成され、重要な点が強調され、聞き手が理解しやすい	内容の順序や重要な点の強調に改善の余地があり、聞き手が理解しにくい部分もある	内容の順序がバラバラで重要な点がどこかわからず、聞き手が理解に苦しむ
質疑応答	質問の意図を理解し、的を射た解答をしている	質問の意図の理解または解答内容の適切さに十分でない点がある	質問の意図を理解せず、解答が的を射ていない
時間	規定時間内で、ギリギリまで有効に時間を使っていた	規定時間より、若干早い時間で終了した	規定時間を超過または大幅に早い時間で終了した

出所　愛媛大学教育・学生支援機構教育企画室（2023）を一部改変

ています。公開されているルーブリックの中には、コモンルーブリックも含まれています。**汎用的技能***に関するコモンルーブリックを新たに作成したり見直したりする際には、学外のものを参照できるでしょう。

　海外で作成されたものになりますが、アメリカの高等教育関連の団体である AAC & U（Association of American Colleges & Universities）のメンバー間で開発された VALUE ルーブリックも参考にできます。「批判的思考」「問題解決」「読解」など16の汎用的技能について作成されたルーブリックで、AAC & U のウェブページに公開されています。これらのルーブリックは日本語に訳され、AAC & U のウェブページ上で閲覧することができます[4]。

　ただし、他者が作成したルーブリックをそのまま活用できるケースは多

表8　アカデミックスキルのコモンルーブリック例

	期待している以上である	十分満足できる	やや努力を要する	相当の努力を要する	わからない
A．授業で、意見が話せる。	理由や例を使い、ポイントを明確にして話している。	伝えたいことのポイントを押さえている。	話が短すぎたり長すぎるので、何を言いたいのかが伝わらない。	意見を述べることはまったくかはばない。	
B．発表を聴き、その内容について質問できる。	メモを取りながら聴き、話し手の伝えたいことに関連した質問をしている。	メモを取りながら聴き、個人的な疑問に思ったことを質問している。	メモを取りながら聴いているが、それに集中し、何を質問したいのか分からない。	メモを取らず漠然と聴いているため、質問できない。	
C．授業で、聴きやすい発表ができる。	聴きやすい速さと声の大きさで話している。さらに、強弱をつけている。	聴きやすい速さと声の大きさである。	聞こえにくい（早口になったり声が小さかったりする）ところがある。	話す速さは極端（とても遅いまたはとても速い）で、声は小さく聴きにくい。	
D．説得力のある文章が書ける。	批判的なデータや先行研究、引用を理由に挙げている。	主張に関係するデータや先行研究、引用を理由に挙げている。	主張と関係ないことを理由としてあげ、説得力に欠ける。	私的な理由が書かれているため、説得力が全くない。	
E．他人の文章を適切に引用しながら文章が書ける。	自分の主張に批判的な文も引用している。	自分の主張を補強するために、適切な引用をしている。	自分の主張と比較すると、引用文が多い。	自分の主張がほとんどなく、大部分が引用である。	
F．序論から結論まで一貫した内容で文章が書ける。	序論から結論まで、明確かつ論理的に展開している。	序論から結論まで内容が一貫している。	序論と結論で主張が異なっているなど、一貫性がない。	展開の仕方があいまいではっきりしていない。	
G．自分に必要な情報を入手できる。	入手した情報について、本当に必要な情報が書かれているかどうか判断している。	専門用語をキーワードとして検索し、必要な情報を入手している。	専門用語ではなく、普段使用している言葉で検索したため、入手まで苦労する。	手当たり次第調べたため、必要な情報を入手することができない。	
H．自分に必要な文献を図書館で見つけられる。	蔵書検索と新聞記事データベースに加え、本学図書館にない図書資料を取り寄せている。	蔵書検索に加え、新聞記事データベースも使うことができる。	蔵書検索を使い、必要な文献を見つけることができる。	文献を見つけることが出来る。ただし、蔵書検索は利用していない。	
I．インターネットの情報を批判的にとらえられる。	本当に正しいかどうか、信頼できる資料を使い判断している。	すべてが正しいものではないと考え、信用できるかどうか判断している。	すべてが正しいと考えてはいないが、どれが正しいか判断していない。	インターネットの情報は、すべて正しいと考えている。	
J．テキストの分からない用語を調べられる。	リストアップし、専門事典を使って調べている。	リストアップし、国語辞典を使って調べている。	分からない用語をリストアップし、wikipediaなどを使って調べている。	テキストは読んだが、調べていない。	
K．事実と著者の主張との区別ができる。	著者の主張について、さらに展開できる。	著者の主張を理解し、その主張に対して自分なりの意見や感想を言える。	事実と主張の区別がついている。	事実と主張の区別がついていない。	
L．著者の主張を理解し、他人に説明できる。	主張の展開の仕方も理解し、それをふまえて説明できる。	主張のほとんどを理解し、要約して説明できる。	内容は理解したが、相手に説明できない。	主張が理解できていない。	

出所　葛西、稲垣（2012）を一部改変

くないでしょう。ルーブリックはある程度文脈に依存して作成せざるをえません。活用しようとする大学、学部・学科、授業科目によって、適切なルーブリックの形は異なってきます。レポートのルーブリックといっても、理工系の実験と人文系の論証型ではレポートの構成は異なります。他

大学のプレゼンテーション評価用のルーブリックを、自大学の授業科目で用いようとしても、ディプロマ・ポリシーや授業科目の配当年次が双方の大学で異なれば、そのルーブリックが示す基準と合わないこともあるでしょう。公開されているルーブリックを参考にする際は、活用する場面の文脈に適した形に修正することを念頭に置くべきでしょう。

(3) 作成の過程でキャリブレーションを行う

コモンルーブリックやディプロマ・ポリシーの達成度を評価するルーブリックは、複数の教員間で同じものを使用します。同じ観点や基準であっても教員によって解釈は異なりうる点には注意が必要です。教員間で作成あるいは修正しながら、カリキュラムや授業における課題の学習目標や評価基準あるいは観点についての共通理解につなげるようにします。このような「ルーブリックがどうデザインされておりどう適用されるべきなのかについて共通理解に至るプロセス」をキャリブレーションといいます（Rhodes and Finley 2013）。

キャリブレーションは、異なる専門の教員、職員、学生支援の専門職などの対話により行われます。具体的な手順は、以下の通りです（松下2014）。まず、ルーブリックの文言を複数人で読み合わせ、解釈を共有するところから始めます。理解しにくい部分はないか、学習目標との整合性はとれているかといったことについて確認します。

卒業論文や卒業研究など、具体的な学生の成果物を評価するルーブリックであれば、過去の学生が提出した実際の成果物をサンプルとして、複数人でルーブリックを用いた評価を試行してみます。その際に各評価者は、自分の採点根拠について課題の該当箇所をチェックしておきます。その後、評価者同士で採点結果やその理由を共有します。たとえ評価者間で採点にばらつきがなくても、採点した理由に違いがあるかもしれない点は要注意です。

以上のことを複数の成果物について行い、採点のばらつきが大きかったものについては文言の見直しを図ります。こういった過程を経ることで、

作成したルーブリックを用いて評価したときに、評価者間でばらつきが小さくなるでしょう。評価方法の質を表す言葉に**信頼性***があります（西岡他編 2015）。信頼性とは同程度のパフォーマンスに対する評価の安定性を意味します。1人の評価者が同程度のパフォーマンスに対して評価するたびに評価結果がずれてしまうのであれば、それは評価者内の信頼性が低いことを示します。また、複数の評価者間で同程度のパフォーマンスに対する評価結果が異なることは、評価者間の信頼性が低いといえます。キャリブレーションは、評価者間の信頼性を高める手段といえるでしょう。

6章

重要な授業科目で評価する

1 重要な授業科目を設定する

(1) 学習評価の幅を広げる

　学習成果の評価に対する関心は一層高まっているものの、その方法については偏りがあります。

　たとえば全学レベルの学習成果の評価は、量的評価に偏る傾向があります。文部科学省の調査によると、全学レベルの「課程を通じた学生の学修成果の把握方法」について、標準テストは約4分の3の大学で実施されていますが、学修ポートフォリオや**ルーブリック***を採用する大学の割合はいずれも4分の1程度にとどまっています（文部科学省 2022）。一方、アメリカにおいて全学レベルの学習評価として用いられる方法は、全米規模の学生調査、ルーブリック、クラス単位の**パフォーマンス評価***の3つが重要と考えられています（松下他 2020）。すなわち、日本では質的な評価がカリキュラムレベルや全学レベルの学習評価として十分に活用されているとはいえません。特に、質的で直接的な評価であるパフォーマンス評価の活用が課題です。

(2) 授業科目を限定して評価する

　質的な評価の活用が進まない理由の1つに、実施のための人的、技術的、時間的コストの大きさがあります。パフォーマンス評価は、論文、制作物、口頭発表、実技、実演などによる評価ですが、これをカリキュラムレベルや全学レベルの評価課題として用意し、実施するには、追加の資源が必要です。アメリカでは全学レベルの学習評価に授業科目単位のパ

フォーマンス評価を活用していることから、日本でも質的な評価の活用では、授業科目単位の評価をカリキュラムレベルや全学レベルの評価として活用することが現実的でしょう。

授業科目単位の質的な評価として、すでに多くの大学で取り組まれているものの1つに、卒業論文や卒業研究による評価があります。これらは、卒業時の能力の**総括的評価**＊として用いられます。また、芸術系分野では卒業制作や卒業演奏会等を用いたり、保健系分野では、卒業時の学力認定試験を用いる場合があります。多くの大学のカリキュラムは、複数の授業科目で修得した能力を統合的に用いて取り組むよう設計しており、重要な授業科目の1つと考えられるでしょう。

授業科目単位の質的な評価は、卒業論文以外でも活用されています。どの授業科目の評価をカリキュラムレベルの評価や全学レベルの評価として活用すればよいでしょうか。この問いに答えるためには、カリキュラムにおける重要な授業科目を定める必要があります。

(3) 重要な授業科目を決める

カリキュラムにおける重要とみなされる授業科目は、カリキュラム全体の目標に直結している必要があります（松下他 2020）。具体的には、重要な授業科目の**到達目標**＊は、それまでに学んだ知識や技能を統合し、高次の能力の発揮を求める目標として定められているべきです。既存のカリキュラムで重要な授業科目を決めるには、基本的に必修科目や主要授業科目から定めます。必修科目や主要授業科目になっていないもののうち、**ディプロマ・ポリシー**＊に示された能力の種類に対応するものを重要な授業科目と定めることもあります。

必修科目の中から重要な授業科目を定めることは、教職員の理解も得やすく、取り組みやすいといえます。ただし、必修科目は、カリキュラムによってその科目数が大きく異なります。多くの必修科目がある場合は、どの科目を重要な授業科目とするかの検討をしなければならないでしょう。特に、次の2点に留意が必要です。

第1に、必修科目の配当が、各学年に均等であるかという点です。重要な授業科目は、少なくとも各学年で1科目、多くとも各学期に1科目とし、カリキュラム全体で、4科目から8科目程度とすべきです。2学期制であれば、各学期に1科目ずつ配当されているかといったバランスがとれているか等を考慮しましょう。

　第2に、重要な授業科目に定める必修科目の到達目標が、カリキュラム全体の到達目標と密接に関係しているかという点です。同時に、それまでに学んだ知識や技能を統合する目標として定められているかを考慮し、必要に応じて目標を修正します。さらに、統合的な目標に合致する**パフォーマンス課題**＊の開発にも取り組みましょう。

（4）カリキュラム全体の目標との関係を確認する

　重要な授業科目とカリキュラム全体の目標の関係は、各カリキュラムが重視する人材育成目標によって異なります。両者の関係には大きく2つのタイプがあります。

　第1に、専門分野固有の能力育成を重視して、重要な授業科目を置く関係です。表1は、新潟大学歯学部の重要な授業科目が、問題解決能力の育成という観点で配置されていることを示しています。ここでは、歯科臨床

表1　新潟大学歯学部の重要な授業科目の関係

授業科目名	大学学習法	PBL	模型・シミュレーション実習	臨床実習
問題解決の相手	なし	ペーパーペイシェント・模擬患者	模型	本物の患者
科目群の領域	学習法・研究法	知識・技能の統合	知識・技能の統合	医療人
配当学年	1〜2年	2〜4年	4〜6年	6年

出所　松下他（2020）を一部改変

能力を歯科という領域固有の問題解決能力であると考え、その能力の育成を段階的に行うものを重要な授業科目として定めています。表の左から右へ行くに従い、学習内容の専門性、総合性、真正性が増す構成になっています。

　第2に、カリキュラムの目標が幅広い領域を含む場合に、重要な授業科目がそれらを網羅しているかという関係です。ディプロマ・ポリシーの多くは、専門分野に関する知識や論理的思考力といった社会的な課題に対する能力、コミュニケーション力や協働して課題に取り組む力といった対人関係の能力、自律的な学習や倫理的な行動といった自己に関する能力など、異なる領域の能力を含んでいます。そのため、**カリキュラム・ポリシー***で、言語科目の開講、少人数科目の開講、専門科目の開講など、複数の科目区分を設けている場合、どの科目区分にも重要な授業科目が設定されている方がよいでしょう。

2　卒業論文や卒業研究で評価する

(1)　さまざまな評価方法の1つである

　卒業時の学習成果を、卒業論文や卒業研究で評価する事例は多くみられます。しかし、必ずしもすべての大学で採用されているものではありません。人文科学系の分野で、卒業論文を必修としている私立大学は、約7割であるとされています（篠田、日下田 2014）。また、理学、工学、農学分野では、ほとんどの大学で卒業論文が取り組まれている一方、看護・保健分野では、卒業論文が課されていない大学が多いことも示唆されています（国立教育政策研究所 2016）。

　多くの大学のディプロマ・ポリシーは、専門分野の知識の理解、専門知識の社会的・職業的文脈での活用や応用、専門知識を使う際の態度という3つの領域に分けて示されています。たとえば、表2のようなものです。このうち、3点目の態度や志向性に関する能力を、卒業論文で評価するに

は工夫が必要でしょう。主体的に学ぶ力を身につけていなければ取り組めないプロジェクトを通じて卒業論文を書くといった工夫です。卒業論文を書く過程で役割を果たしたり協働を求める等の工夫も考えられます。

表2　法学分野のディプロマ・ポリシーの例

・社会と人間に対する原理的考察力を修得している。
・法律の条文と調べ方に関する知識と、個々の条文の背景にある制度および原理原則に対する理解を身につけ、法の解釈と適用を行う思考力を修得している。
・社会や組織の構造を理解し、構成員として多様な役割を果たすことができるように、生涯にわたって主体的、自立的に学ぶ能力と協働する能力を身につけている。

出所　名城大学法学部ウェブページ[5]

　しかし、卒業論文による評価に過剰な重みづけをするのも慎重になるべきです。卒業論文のみで卒業時の学習成果を評価するのではなく、さまざまな評価方法の1つとして卒業論文を位置づけ、他の評価方法との組み合わせの中で活用方法を検討しましょう。

(2) 評価基準を明確にする

　通常、卒業論文は、卒業研究という比較的長期にわたる学習活動を通じて得られた成果等を論文にまとめたものです。卒業研究では、文献整理、テーマ設定、実験・調査計画立案、データの整理と分析、考察などを行い、それらをアカデミックライティングによってまとめることが求められます。その過程で複数の能力を組み合わせて発揮することが求められるパフォーマンス課題といえます。そのため、卒業論文の評価では、いくつかの観点を設定したルーブリックを用いると、評価者間のずれを小さくするとともに、同じ論文を複数回評価しても結果が一致しやすい評価を行うことができます。ルーブリックは、プログラム単位ごとに用意して公表しましょう。教員と学生が評価基準を共有することによって、明確な基準にそった評価につながります。

提出された卒業論文だけでなく、卒業研究という複雑な過程も評価するのであれば、それらの観点もルーブリックに取り入れましょう。卒業研究の進行途上での**形成的評価**[*]にも活用でき、卒業論文の質が高まるでしょう。表3の事例は、論文を評価する観点に加え、取り組み、発表、総合的な能力を含めることで、学科が卒業研究を通じて学生に期待する学習成果をわかりやすく示しています[6]。また、ディプロマ・ポリシーに示された能力に対応する観点が含まれており、卒業時の学習成果の評価としても使いやすいものになっています。

表3　卒業研究ルーブリックの例

区分	確認項目	評価			
		卓越（4）	有能（3）	中間（2）	初歩（1）
取組	コミュニケーション	教員や学生間で常に気持ちの良い挨拶ができ、教員との報告・連絡・相談を恒常的に行っている。	教員や学生間で気持ちの良い挨拶ができ、教員との報告・連絡・相談を頻繁に行っている。	教員や学生間で挨拶ができ、教員との報告・連絡・相談を行うことができる。	教員や学生間に挨拶をし、教員との報告・連絡・相談を行うよう努力すべきである。
	役割	積極的に周りに適切な声かけをおこないリーダーシップを持って与えられた役割を果たしている。	周りに適切な声かけをするなど与えられた役割を責任を持ってこなしている。	与えられた役割はこなしているが十分ではない。	周りとコミュニケーションを取り与えられた役割を果たす努力をすべきである。
	協調	与えられた役割以外のことにも積極的に周りと協調して作業に取り組めている。	周りと協調して活動に取り組めている。	周りと協調して活動できている時もあるが十分ではない。	研究室の一員という認識を持って周りと協調すべきである。
	活動	活動日・時間を守りながら、集中して取り組んでいる。	活動日・時間を守りながら、取り組んでいる。	活動日・時間を守っていないことがある。	活動日・時間を守っていない。
	ディスカッション	指導教員・上級生と有意義な議論をいつも行うことができる。	指導教員・上級生との議論を適切に行える。	指導教員・上級生と議論を適切に行えない場合がある。	指導教員・上級生と議論するように努力すべきである。
論文	誤字・脱字	十分に良く推敲されていて、読みやすい文章である。	誤字・脱字はないが、一部に修正したほうが良い字句がある。	誤字・脱字がある。	誤字・脱字が多く、著者による入念な推敲が必要である。
	タイトル	論文のテーマを良く表現し、アピールがある。	論文のテーマを良く表現している。	論文のテーマとのずれがある。	論文のテーマとのずれが大きい。
	要約	背景・目的・結果・結論を全て含む概要を十分理解できる。	背景・目的・結果・結論を全て含み全体像を把握できる。	背景・目的・結果・結論のいずれかが欠けている。	要約が無い／「背景と目的」や「結論」と同じ文章である。
	背景と目的	背景／目的を参考文献を挙げながら、合理的に説明している。	背景／目的の説明を参考文献を挙げながら、ある程度行っている。	背景／目的の説明が不十分である。参考文献を参照していない。	背景／目的の記述が無い。
	研究の手法	研究の手法をわかりやすく記述し、目的達成のための道筋が明らかになっている。	研究の手法をわかりやすく記述し、全体像と詳細を示している。	研究の手法を記述しているが、全体像／詳細が不明である。	研究の手法の説明が無い。
	図表と結果	読者が理解しやすいように工夫され、本文で十分に説明している。	読者が理解できる図表で、本文である程度説明している。	表現・体裁に問題がある。本文の説明が不十分である。	図表に誤りがある。
	データの考察	データに対する深い考察を行い、文献を引用して発展的に議論し、「目的」を十分達成している。	データに対する考察を行い、文献を引用して議論し、「目的」をある程度達成している。	データに対する考察を行っているが、目的を達成するには不十分である。	データに対する考察が無い。

	結論と今後の課題	得られたことを漏れなく良くまとめ、「目的」に対応した結果を発展的に述べている。	得られたことを漏れなく良くまとめ、「目的」に対応した結果を示している。	得られたことを全てまとめていない／「目的」に対応した結果になっていない。	結論が記述されていない。
	参考文献	論文の論旨を組み立てるために十分な量の参考文献を挙げて適切に参照している。	参考文献の体裁は正しく、本文での参照方法は適切である。	参考文献の体裁や、本文・図表での参照方法が不十分である。	参考文献が不足している。本文・図表で参照していない。
	客観性	客観的な表現を用いて記述している。	概ね客観的な表現を用いて記述している。	主観的・曖昧な表現がある。	主観的・曖昧な表現が多い。
	論理性と根拠	論文全体で論点が定まり、議論の流れも明確である。見解の根拠となる事実も十分に用意されている。	文章で主語と述語が対応し、文章の流れが明確である。見解の根拠となる事実も用意されている。	一部で、主語と述語が対応しない、論点が定まらず文章の流れが乱れている、見解に対する事実が不足している。	全般に、主語と述語が対応しない、論点が定まらず文章の流れが乱れている、見解に対する事実が不足している。
発表	話し方	十分に明瞭な言葉を使って丁寧に説明しながら、熱意が伝わるなどのアピールがある。	ある程度明瞭な言葉を使い、丁寧に説明している。	一部に不明瞭な説明がある／もう少し丁寧に説明する必要がある。	説明が不明瞭である／説明の仕方に改善の余地が大きい。
	スライド	提示するデータや文字を注意深く選択し、ポイントが大変わかりやすい。	提示するデータや文字がおおよそ適切で、ポイントをある程度理解できる。	一部のデータや文字を見直して、ポイントが理解できるように改善する必要がある。	提示するデータや文字を全体的に見直して、ポイントが理解できるようにする必要がある。
	時間	指定された時間に合わせて、発表時間を柔軟に調整できている。	おおよそ指定された時間で発表を終えている。	指定された時間を守ろうとしているが、ずれが大きい。	指定された時間を守るように、スライド量の調整や発表練習が必要。
	成果の提示	研究の成果を十分に説明し、その価値を良くアピールしている。	研究の成果と価値をおおよそ説明できている。	研究の成果と価値の説明に不十分な部分がある。	研究の成果と価値の説明の仕方に改善の余地が大きい。
	論理性と客観性	発表のテーマと流れが明確である。説明を論理的に展開し、説得力がある。	発表テーマと流れを把握でき、ある程度論理的な説明を行っている。	発表のテーマをより明確にする必要がある。説明が論理的になるように工夫する必要がある。	発表のテーマが不明確／説明の論理性が不十分である。
	回答	質問内容を理解し、質問者と議論することができる。	質問内容を理解し、適切な回答をすることができる。	質問内容を理解できるが、回答内容が不十分である。	質問内容を理解できない／回答できない。
	質問	発表内容を理解し、発表者と議論することができる。	発表内容を理解し、発表内容の理解を促進する質問ができる。	質問はしているが、発表内容のただの確認になっている。	質問していない。
総合的な能力	仕事を遂行する基礎力	技術者の役割と責任を十分に理解し、計画的かつ主体的に仕事に取り組むことができる。	技術者の役割と責任をある程度理解し、計画的かつ主体的に仕事に取り組むように心がけている。	技術者の役割や責任の理解が不十分／仕事における計画性や主体性を改善する必要がある。	技術者の役割や責任の理解が不足／仕事における計画性や主体性に乏しい。
	課題を探求する能力	実現可能な目的と問題を設定し、適切な解決方法を見出すことができる。	目的と問題を設定し、なんらかの解決方法を見出すことができる。	目的や問題の設定が不十分／解決方法を自力で見出すことができない。	目的や問題の設定をできない／解決方法を検討することができていない。
	複合的な問題解決の能力	必要な複数の知識を組み合わせながら、論理的思考を通じて問題解決に取り組むことができる。	複数の知識を検討し、論理的思考を通じて、問題解決に取り組むように心がけている。	必要な知識を検討したり、論理的に思考する力を磨く必要がある。	複合的な問題に取り組むことができていない。

出所　東京都市大学ウェブページ6

(3) 他の評価と組み合わせる

　上の例からもわかるように、卒業研究は、卒業論文自体の評価に他の評価と組み合わせることで、**妥当性***や**信頼性***をより高めることができま

す。卒業研究の評価でよく使われる方法は、論文評価に加えて口頭発表や口述試験を行うものです。また、分野によっては筆記テスト、パフォーマンス課題、展示・上映・演奏等を加えることもできます。国家試験の受験資格が得られるカリキュラムでは卒業時に筆記テストを課す事例が多く、芸術系のカリキュラムでは、展示・上映・演奏等を課す事例が多くみられます。

　ただし、これらの取り組みは、評価の実施にかかる時間的・経済的費用を高め、評価の効率性を下げることになります。一方で卒業時の学習成果の評価として外すことができないという考えもあります。個別の口頭発表に代えてポスター発表を行う、口頭発表や演奏等のパフォーマンスを収録した動画を学生が作成して提出する、学外で行われる試験の機会を利用する、学外の展示・上映・演奏機会を利用する等の工夫を検討しましょう。

(4) 外部評価者の協力を得る

　卒業論文は、学生の学習成果を社会に発信する好機といえます。学外者が卒業論文の評価に参画するようになると、学習成果を具体的に社会へ発信する場とすることができるでしょう。具体的には、地域の企業や行政の関係者、卒業生、当該分野の専門家や芸術家、他大学の教員などの参画を得て卒業論文の評価を行います。

　ただし、外部評価者が評価の過程に適切な参画を求めるにはいくつかの注意点があります。第1に、学習評価の経験がない企業・行政関係者や卒業生の参画を得る場合、評価に参加してもらうための準備が必要です。たとえば、事前に研修を行ったり、評価基準を作成する段階から参画するなどの工夫があるとよいでしょう。第2に、評価に関わる範囲を明確にすることです。論文を読んで評価するのか、口述発表に参加して評価するのか、それら両方の評価に関わるのかなど、協力を得る範囲を明確にしておきます。

　第3に、最終的な成績評価は担当教員が行うことへの了解を得なければなりません。事前に担当教員と外部評価者が面談し、外部評価者の意見を

最大限考慮することを伝え、信頼関係を構築する機会をつくりましょう。

　外部評価者への依頼においては、日頃から協力を得られる外部者を探し、候補者リストへ記載することの同意を得ておきます。必要な人数の３〜５倍の候補者リストを用意し、その中から指定する期間・日時に協力できる候補者へ依頼します。候補者リストの掲載期限は５年程度として、常にリストを最新のものに更新していきます。こうした工夫が、学習成果を社会に広く発信する機会としながら、効率的な学習成果の評価につながるのです。

3　複数の授業科目にまたがり評価する

(1) 統合的な能力を評価する

　たとえば「テイラーの定理について理解し、近似値や誤差評価を求めることができる」という到達目標について考えてみましょう。近似値を求める問題が実際に解けると、解析学の基礎知識をある程度獲得していることがわかるため、この到達目標は見えやすい能力に関するものといえます。しかし、一般的に大学教育は高次の能力の獲得を目指しており、その能力は見えにくい能力です。たとえば、ディプロマ・ポリシーで「環境・地域・福祉・文化などの視点から現代社会の変化を読み解き、公正な立場で、新しい社会を切り開く能力を修得している」「グローバル化・情報化の進展に対応した視点から経済・社会の変化を分析し、その有り方を構想できる能力を修得している」「社会に貢献し続けていくために、生涯にわたって主体的、自立的に学ぶ能力と協働する能力を身につけている」という人材育成像を定めている学部があるとします。これらの能力は、単に筆記テストの問題を解けたからといって獲得できているとはわかりにくい能力です。

(2) パフォーマンス課題を用意する

　見えにくい能力を見えやすくする方法の1つが、パフォーマンス課題による評価です。パフォーマンス課題は、見えにくい能力を見えやすくしますが、獲得を確認したい能力とパフォーマンスが適切に結びついていなければなりません。

　たとえば、「簡単なディジタル回路を設計できる」という到達目標は、筆記テストほど容易ではないものの、実際に回路を設計する課題に取り組むことで到達していることがわかり、比較的見えやすい能力といえるでしょう。ただし「簡単な」とあるように、ゲート回路のみ、または機能的な順序回路のみで設計するといったような課題を用意するなど、筆記テストよりも課題の設計に工夫を要します。これは授業科目単位で用いるパフォーマンス課題によって統合的な能力を評価する例ですが、パフォーマンスの組み合わせを変えることで、複数の授業科目にまたがる評価を行うこともできるでしょう。

(3) 科目縦断的なパフォーマンス課題を用意する

　ある授業科目を受講する前に学生が履修した別の授業科目で身につけた能力は、当該科目の前提として活用できます。たとえば、統計学1の授業で最小二乗法による回帰分析の知識や技能を身につけている場合、統計学2の授業ではそれを前提にして、分散が不均一のときの回帰分析や、系列相関があるときの回帰分析を学ぶことができます。これらは、現実のデータを扱う際によく直面する例であるため、現実のデータを用いて分析するパフォーマンス課題を用意することで、科目縦断的な課題となるでしょう。

　科目縦断的なパフォーマンス課題は、比較的取り入れやすい評価方法ですが、授業科目間で到達目標が整理され、目標にそった授業が行われるよう担当教員間での確認が必要です。

（4）科目横断的なパフォーマンス課題を用意する

　一方で、各授業科目を通じて獲得した、領域の異なる能力を統合することを求めるパフォーマンス課題は、用意するのが難しくなります。図1は、OECDのAHELOプロジェクトで開発された土木工学分野の科目横断的なパフォーマンス課題の例です（Tremblay et al. 2012；深堀 2015）。この問題は、具体的な問題に対して、技術者として考えたことを実際に行えるかどうかを問う問題です。土木工学の専門的な知識を身につけるだけでなく、それを用いて工学的な課題を同定し、解決策を考えることを求めています。また、社会的な影響や倫理的な側面も考慮することが求められ、複数の授業科目で得た知識や技能の統合を要する課題を担っています。

　科目横断的なパフォーマンス課題は、授業科目単位で取り組める評価であるものの、1人の教員だけでは開発が難しいかもしれません。複数の教員や学外の職業人の協力を得て共同で作成できないかを検討してみるのも

フーバーダムは、アメリカ合衆国コロラド川のブラック峡谷にある、高さ221mのアーチ重力式コンクリートダムである。このダムは、灌漑用水の供給、洪水調節、およびダム基部の水力発電所への水の供給を目的として建設された。

図1.　フーバーダム
図2.　1921年ごろに提案されたダム建設候補地
図3.　提案された貯水池のスケッチ
図4.　ダムと発電所の建設計画
図5.　ダムと発電所の建設計画

1.　この場所がダム式水力発電に適している理由を説明しなさい。少なくとも2つの側面について述べなさい。
2.　フーバーダムの構造上の強度と安定性を高めている、設計上の主な特徴を2つ挙げて説明しなさい。
3.　フーバーダムのタービンで発電される最大電力は 2.08×10^9 W である。この発電所が90%効率で稼働している場合、この出力でタービンを流れるおおよその水量はいくらか。最も近いものを選びなさい。
　　A) 10^3ℓ/sec, B) 10^4ℓ/sec, C) 10^6ℓ/sec, D) 10^7ℓ/sec　　注）1W=1J/sec, 1J=1Nm
4.　現在、この場所とは異なる別の場所で、新しいダムの建設が計画されていると想定します。技術者が環境影響評価書の中で検討すべき、ダムが環境におよぼす影響（上流でも下流でもよい）を2つ挙げて、簡単に説明しなさい。

図1　土木工学分野のパフォーマンス課題

出所　Tremblay et al.（2012）、深堀（2015）

よいでしょう。検討にあたっては、授業科目で学んだ知識や能力が必要となるような、社会的・職業的な文脈や課題に関する情報を日頃から収集しておくようにしましょう。

4　担当者間の連携を図る

（1）授業科目の到達目標を組織的に定める

　科目横断的なパフォーマンス課題のように、重要な授業科目での評価は、カリキュラムを端とする教員の協力体制が不可欠です。教員が評価に関して協力するためには、開講科目に関する目標が共有されていることが前提となるでしょう。その支援のための方法の1つが、授業科目の到達目標を組織的に定めることです。

　授業科目の到達目標を共有するためには、授業科目を担当する教員が**シラバス***を入力する前に、カリキュラム単位で科目概要や到達目標を事前に決めておきます。近年、**カリキュラム・マップ***を作成する大学が増えているため、カリキュラム・マップを拡張することで対応できるでしょう。表4はその様式を示したものです。

　到達目標の組織的設定には、大きく3つの長所があります。第1に、シラバスの入力時に到達目標が所与にされていると、担当教員は到達を確認するための評価課題と、評価課題に合格するための学習計画の準備に専念

表4　カリキュラム・マップに到達目標を示す様式

科目名	科目概要	到達目標	DP1	DP2	DP3	DP4
英米法1						
環境法1						
行政学1						
行政学2						

することができます。第2に、授業科目の担当者が異動や退任で変更になった場合も、継続性のある授業科目の提供が可能です。第3に、同一名で複数クラス開講される授業科目があっても、担当者間で到達目標が変わることがなく、一貫性のある科目開講につながります。

(2) 目標や評価課題を共有する機会をつくる

シラバスの到達目標が共有されたとしても、担当教員がその意図を理解できずにいると、意図した目標にそった評価課題や学習計画が提供されなくなるおそれがあります。そのため、到達目標を組織的に定めるだけでなく、定めた後にも、妥当な目標となっているか、変更の必要がないかを教員間で検討する機会を定期的にもつことが必要です。

具体的には、FD*の機会など、教員が集まる時間を使って、カリキュラム・マップに示された到達目標とディプロマ・ポリシーとの関係を見直すワークショップを開催します。当該授業科目を担当する教員が、到達目標とディプロマ・ポリシーやカリキュラム・ポリシーとの対応関係をどう理解したり解釈しているかを話し、他の教員からの意見を求めます。4人程度の教員を1組にし、1人につき15分程度、合計で60分ほどの機会にすると、意見交換を進めやすくなるでしょう。新任教員もベテラン教員も分け隔てなく参加して、どちらの立場から何度参加しても新しい発見が得られる方法です。

同様に、評価課題を検討する機会ももてるようにしましょう。担当科目で用いている課題、特にパフォーマンス課題をもち寄り、4人程度の教員が順番に紹介します。課題の作成者は、課題の背景、意図、学生の特徴などを紹介し、聞き手の教員はディプロマ・ポリシーや他の授業科目の学習成果との関連や、到達目標との整合性の観点から質問や提案をします。教員の多くにとって、概念的な説明を聞くよりも、すぐれたパフォーマンス課題を見る方が、自らが準備する評価課題の改善に有益です。この方法でも、新任教員からベテラン教員まで経験年数を問わずに参加でき、教員の課題開発力を効果的に高めることができるでしょう。

7章

ポートフォリオを活用する

1 ポートフォリオの定義と意義を理解する

(1) 学習者の成果物を蓄積したものである

　絵画や写真のような制作に関する職業を志す人は、就職活動の際に自分の代表的な作品をファイリングし、**ポートフォリオ**＊としていつでも見せることができるよう準備しています。ポートフォリオとは、もともと自身の作品集あるいは作品をファイリングしておく「書類入れ」を意味する用語です。学習成果の評価の文脈では、学生が授業あるいはカリキュラムを通して作成した成果物と、学習成果の**自己評価**＊あるいは他者評価の記録とを一緒に蓄積したものという意味で、ポートフォリオの用語が使われます。ポートフォリオに蓄積された成果物をもとに評価することを、ポートフォリオ評価と呼びます。日本では初等中等教育で「総合的な学習の時間」が導入されたことをきっかけとして、ポートフォリオ評価が注目されるようになりました（木村、古田編 2022）。

　ポートフォリオ評価の対象となる成果物には、毎回の授業で提出したコメントシートや小テスト、グループワークで意見交換した内容、プレゼンテーションのレジュメやスライド、授業の最終回で回答したレポートやテストといったものがあります。学外での実習であれば、毎日の活動記録や収集あるいは作成した資料などが蓄積の対象となるでしょう。ただし、蓄積された成果物をすべて学習成果の評価対象とすると、評価が煩雑になるため、学習成果を示す成果物は代表的なものに絞る方が望ましいでしょう。

（2）紙媒体と電子媒体がある

　紙ばさみを意味することからもわかるように、もともとポートフォリオは紙媒体により構築されるものでした。近年は紙媒体だけでなく電子媒体のポートフォリオも活用されています。電子媒体のポートフォリオは特に、eポートフォリオと呼ばれます。

　eポートフォリオと類似した機能をもつものに **LMS***があります。特に、成果物の蓄積という点において両者の機能はほぼ同様です。ただしLMSは、個別の授業科目における成果物を評価する機能に重点を置いています。授業科目ごとに成果物の保存先が異なるため、教員は自分が担当している授業科目以外の学生の成果物を基本的には閲覧できません。個別の授業科目であればLMSでもポートフォリオ評価を行うことは可能ですが、カリキュラムを通したポートフォリオ評価を行うのであればLMSの機能には限界があるかもしれません。

（3）学習成果を多面的に評価できる

　ポートフォリオが注目された背景は、**真正の評価***を行えるツールという点にあります。真正の評価とは、学生が現実の世界で知識を応用できるかどうかを評価することを指します（西岡、石井編 2021）。学外での実習やフィールドワークなど**課題解決型学習***を行う授業科目では、起こりうる問題やその解決方法がフィールドの状況によって変化します。このような授業科目は、あらかじめ正解が決められた筆記テストで評価するのは適しているとはいえません。

　ポートフォリオ評価は、実際に学生が何を経験し、何を考え、どのように問題解決を図ってきたのかを評価する方法です。ポートフォリオに蓄積されるものは、最終的な成果物だけでなく、そこに至るまでの下書きやメモ、収集した資料なども含みます。学習の過程を含めて評価対象とすることができるため、単なる知識の記憶や技術の習得だけでなくそれらを応用できたかどうか、学習意欲や態度は適切であったかも評価が可能です。

ポートフォリオ評価は**認知領域***や**精神運動領域***だけでなく、**情意領域***の能力も含めて、多面的に学習成果を評価できる方法といってもよいでしょう。

(4) 作成の過程そのものが学習機会となる

　ポートフォリオ評価はさまざまな学習成果の評価方法の中でも、比較的高い関与を学生に求めるものです。図１はポートフォリオ評価のステップです（小川、小村編 2012）。どのステップも学生にとっての学習機会となりえます。

　ポートフォリオ評価を始めるにあたっては、学習目標の確認をまず行います。カリキュラムであれば**ディプロマ・ポリシー***の中に学習目標が定められていますが、学生が個人的な目標を別に定める場合もあります。

　また、ポートフォリオ評価のステップには教員からの評価はもちろん、学生自身による自己評価や学生同士の**相互評価***も含まれます。自己評価を行うにあたって、学生は自分の学習について振り返ります。また、相互評価では他の学生の成果物から気づきを得たり、他の学生に対して評価することへの責任感を醸成したりすることも期待できます。評価結果を相手に伝えるための表現力や適切な態度を身につける機会にもなるでしょう。ポートフォリオ評価は、評価の過程そのものが学習につながるという考え方を前提としているのです。

　なお、ｅポートフォリオとして設計されたシステムは、あらかじめ目標

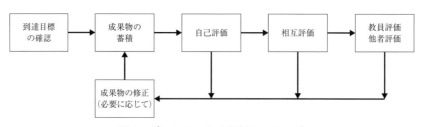

図1　ポートフォリオ評価のステップ

出所　小川、小村編（2012）を一部改変

設定から振り返りと**フィードバック**[*]を行うためのフォーマットを備えています。カリキュラムあるいは教育プログラムとしてポートフォリオ評価を行うのであれば、e ポートフォリオに対応したシステムが適している可能性が高いでしょう。

2　到達目標に照らして成果物を蓄積する

（1）決められた方針に基づき成果物を蓄積する

　ポートフォリオは成果物の蓄積方針によって表 1 のように 3 つの種類に大別されます（西岡、石井編 2021）。基準準拠型ポートフォリオは、蓄積する成果物を教員が指定するものです。成果物を評価する観点や基準も教員が決めます。個々の授業科目では基準準拠型ポートフォリオが活用される場合が多いでしょう。

　基準創出型ポートフォリオは、教員と学生が相談しながら、蓄積する成果物や評価を決めていくものです。たとえば**初年次教育**[*]の一環で、教員からの指導によって学生が 1 週間ないし 1 ヶ月程度の学習目標や学習計画を立て、成果物を蓄積していく形で用いられるポートフォリオが、このタイプとなります。フィールドワークや学外での実習では、実習先の都合などで学生により成果物が異なります。こういった場合も、基準創出型ポートフォリオとして成果物を蓄積していくとよいでしょう。

　そして最良作品集ポートフォリオとは、蓄積する成果物を学生が決めるものです。学生自身が最良と考える作品を蓄積します。成果物における評価の観点や基準を学生自身が決めるポートフォリオともいえます。就職活動中の学生が自己 PR のために、もっともアピールにつながる成果物を自分で選び、何をどこまでできるようになったかを自己評価する際に活用するポートフォリオも、最良作品集ポートフォリオに該当するでしょう。

表1　ポートフォリオの種類

	蓄積する成果物を決める	評価の観点と基準を決める
基準準拠型ポートフォリオ	教員	教員
基準創出型ポートフォリオ	教員と学生	教員と学生
最良作品集ポートフォリオ	学生	学生

出所　西岡、石井編（2021）

（2）授業科目の成果物を蓄積する

　ポートフォリオに授業科目の成果物を蓄積する目的は2つあります。1つは、個々の授業科目における学習成果を評価するためです。個々の授業科目で蓄積されうる学生の成果物には、学生が作成したワークシート、学生が発表したレジュメやスライド、課題に対するレポート、小テストの結果などがあります。

　eポートフォリオであれば成果物の作成や提出の日時、バージョンなどを管理できる機能があるため、ある程度成果物が整理された形で蓄積されていきます。しかし紙媒体のポートフォリオの場合は、学生が完全に自分で成果物を整理していかなければなりません。整理のしかたがわからなかったり、蓄積すべき資料を紛失したりするなどの事情で、成果物がうまく蓄積されないおそれもあります。

　そこで、教員から学生に何をどのようにポートフォリオへ蓄積すべきかを伝えると、学生は適切にポートフォリオへ成果物を蓄積しやすくなるでしょう。たとえば、授業回ごとに成果物を整理するよう指示する方法があります。毎回の授業で蓄積されうる成果物であれば、小テストやミニッツペーパーが代表的でしょう。数回の授業にわたって発表準備を行うのであれば、発表に使う原稿やスライドの下書きや、調査内容を記録したメモなどを残すよう指示する方法もあります。

　授業科目の成果物を蓄積する2つめの目的に、カリキュラムを通した学

習成果の評価があります。授業科目の成果物は、学期末や学年末、あるいは卒業時の学習成果のエビデンスとなります。ある程度まとまった期間の学習成果を評価する際には、授業科目の成果物の中でも代表的なものがエビデンスとなります。自分の学習成果を示す代表的な成果物はどれかについて、考える機会を学生に提供するとよいでしょう。

(3) 日常的な学習の記録をつける

ポートフォリオに蓄積されるものは最終的な成果物だけではありません。学生が日々、何をどれだけ学習したかの記録も蓄積の対象となります。学習行動に関する記録は、後で学習成果を振り返る際の重要な資料となるでしょう。

大学によっては、初年次教育で1週間の学習目標、授業の出欠状況、授業外学習時間と内容といった学習行動に加え、**正課外活動***の時間と内容、食事や睡眠時間のような学生生活全般の行動を記録しています。不規則な学生生活による学習への悪影響を避けようとする意図で、このような生活の記録をポートフォリオに含める場合もあります。

日常的な学習の記録については、学生が自主的に記録していくのが理想です。しかし、現実には他者の働きかけがある方が望ましいでしょう。たとえば、クラス担任の教員から記録に対するフィードバックのコメントがあるだけでも、学生は記録をつける意欲を高めるはずです。

3　自己評価と他者評価の双方を行う

(1) 振り返りの枠組みを提示する

ポートフォリオに成果物が蓄積されると、次に成果物に基づく自己評価と相互評価が行われます。自己評価と相互評価のいずれも、成果物に対する学生の振り返りを含んでいます。振り返りというと、学生は過去のできごとの良し悪しを判断するだけで十分と考えるかもしれません。しかし、

振り返りの英訳であるリフレクションには反射という意味があります。振り返りには、過去を映し出すことにより未来を望むという未来志向の意味合いが含まれているのです。したがって、将来に活用できる教訓を引き出すところに振り返りの趣旨があることを、学生にしっかりと伝えなければならないでしょう。

　振り返りの趣旨を学生に伝えるためには、教員が振り返りの過程を示すとよいでしょう。たとえば、図2のような活動記録の様式を学生に提示します。目標達成に関するできごとや具体的な成果物、できごとが生じたときに感じたこと、継続すべき点、現状の課題、挑戦すべき点などを記述する欄を設けておくとよいでしょう。教員からのコメント欄のように、他者からフィードバックを得られるようにしておくことも重要です。

記入日時：	学部・氏名：	
学期当初の目標		
目標達成の度合い	1. 目標を超えて達成　2. 目標達成　3. おおむね目標達成　4. 目標一部未達成　5. 大幅に目標未達成	
目標達成の度合いを示す主なできごと、成果物		
上記できごとや成果物作成の過程で感じたこと		
今後も継続していきたい点	学習を行ううえでの現状の課題	今度新たに／さらに挑戦すべき点
教員からのコメント		

図2　活動記録の様式例

(2) 相互評価の方法を学生に伝える

　ポートフォリオ評価の過程で学生が学習成果の自己評価を行った結果は、必ずしも妥当であるとは限りません。特に、学生の能力が低かったり

経験が浅かったりするうちは、自己評価が甘くなる**ダニング・クルーガー効果***がみられる場合があります。自己評価に加えて他者評価を行うことで、より適切な評価につながるでしょう。他者評価を受ける学生にとっては、自己評価の結果を見直したり、新たな気づきを得たりする機会になります。

　他者評価が学生同士で行われる場合は特に、相互評価あるいはピア評価と呼ばれます。普段は評価される側になる立場の学生が、評価する側にもなる評価方法です。評価する側になることは、学生にとって評価の観点や基準を考えるきっかけにもなります。学生の評価能力を高める機会になるでしょう。翻ってそれは、学生が自己評価の結果を見直す機会にもつながるのです。

　一方で、相互評価ではお互いに甘い評価を行う傾向があると指摘されています（藤原他 2007）。学生同士で甘い評価になるのを避けるためにはまず、教員から評価の意義や目的を説明しておきましょう。また、**ルーブリック***などで評価基準を明示するとともに、基準にそった評価を行うよう指示する方法もあるでしょう。

(3) 質問で評価につながる情報を増やす

　相互評価や教員からの評価にあたって、ポートフォリオに評価の根拠となる情報が十分に蓄積されていない場合もあります。評価される側の学生に関する情報が少ないと、相互評価や教員からの評価を行うのが難しくなってしまいます。評価につながる情報を増やすために活用できるのが、評価される側の学生に対する質問です。

　質問の工夫として、**クローズドクエスチョン***と**オープンクエスチョン***を使い分ける方法があります。クローズドクエスチョンとは、回答の選択肢が限られる問いかけ方です。「はい」か「いいえ」で回答する発問などがクローズドクエスチョンに該当します。それに対してオープンクエスチョンは、回答者が自由に回答できるような問いかけ方です。いつ、どこで、誰が、何を、なぜ、どのように、といったような5W1Hを含むよう

な質問が、オープンクエスチョンの典型例でしょう。

　評価につながる情報が不足しているのであれば、まずはオープンクエスチョンで問いかけてみます。評価される側の学生が、自分の考えを掘り下げやすくなるでしょう。ただし「なぜ」「どうして」といったような理由や根拠を尋ねる問いかけは、回答が比較的難しいです。オープンクエスチョンでも「いつ」「どこで」「誰が」のように事実を確認する質問から始める方が回答しやすいでしょう。オープンクエスチョンでうまくいかない場合は、クローズドクエスチョンを再度用いて学習成果の自己評価や成果物について尋ねてみるようにします。

4　個人の学習成果を学外にわかりやすく示す

（1）成果物をディプロマ・サプリメントに活用する

　ディプロマ・ポリシーで定められた資質や能力を身につけたことは、**学位***の授与によって証明されます。しかし、学位記や卒業証明書だけでは、個々の学生が具体的に何をどこまでできるようになっているのか把握するのは困難です。ポートフォリオに蓄積された成果物は、学生の学習成果を具体的に示すものです。したがって、学位の授与にふさわしい資質や能力を身につけていることの根拠資料として、ポートフォリオを活用することができます。

　eポートフォリオシステムの中には、**GPA***や修得単位数のような成績に関する情報と、ポートフォリオ内に蓄積された成果物の概要を合わせて、学習成果を端的に説明する資料を作成する機能をもつものがあります。こういった資料は、**ディプロマ・サプリメント***と呼ばれます。

　ディプロマ・サプリメントは「高等教育課程の修了を証明する文書に添付する補足資料」と定義されます（大学改革支援・学位授与機構 2021）。ディプロマ・サプリメントはもともと欧州で開発されたもので、学生が取得した学位が国際的にみてどの程度の水準にあるのかなど、学位の制度的

な位置づけを説明する資料として取り扱われるものです。ディプロマ・サプリメントが開発された背景には、高等教育の制度が異なる国の大学へ学生が異動する際の障壁を下げようとする意図がありました。

　日本でディプロマ・サプリメントが導入され始めたのは、2010年代からです。「プレ・ディプロマ・サプリメント」といった名称で、学位を取得する前から発行され、就職活動などでも活用できるものもあります（湯本、住田 2019）。国をまたぐ学生の異動がそれほど多くない日本において、ディプロマ・サプリメントはどちらかというと、学生の学習成果を説明する資料としての側面が強調されているといえるでしょう（深堀 2019）。

(2) 学習成果を厳選して示す

　ディプロマ・サプリメントは、主に学外者に向けて作成されます。学外の人に簡潔でわかりやすく学習成果を伝えるために、ディプロマ・サプリメントで示す学習成果は、網羅的なものというよりは代表的なものを厳選します。具体的にはおおむね A4 用紙 1、2 枚程度が、ディプロマ・サプリメントの標準的な分量です。

　ディプロマ・サプリメントに含まれる代表的な情報としては、先に述べたような成績に関する情報が挙げられます。**汎用的技能***を評価する**アセスメントテスト***を導入している大学であれば、その結果も記載していることが多いでしょう。成績やアセスメントテストのような情報を、入学年度が同じ学生の平均値とともに、レーダーチャートなどで示す大学もあります。

　この他、ディプロマ・サプリメントに記載されうる情報としては、取得した資格や免許、正課外活動の記録、ディプロマ・ポリシー到達度の自己評価の結果とエビデンスなどがあります。

(3) 教員からの評価を含める

　ディプロマ・サプリメントには、学生の学習成果に対する教員からの認定や評価が含まれます。教員からの認定では、ディプロマ・サプリメントに書かれた内容の正当性を学部長や学科長が証明することもあります。学部長や学科長は多くの場合、すべての学生の学習成果を詳細まで把握できません。その場合は、ゼミの指導教員やクラス担任の教員がディプロマ・サプリメントの内容を見て、学習成果を証明して差し支えないことを学部長や学科長に確認する方法もあります。

　ゼミの指導教員やクラス担任がディプロマ・サプリメントの内容に対するコメントを付記する場合もあります。コメントがあることにより、ディプロマ・サプリメントの読み手にとっては内容の理解を助けます。学生にとっても学習成果が得られたことへの自信を高める手助けとなるでしょう。

(4) ディプロマ・サプリメントの普及を促す

　社会からはディプロマ・サプリメントに対する期待があります。日本経済団体連合会は、就職活動で学生が自身の在学中の学習を踏まえた強みや個性を伝える際に、ディプロマ・サプリメントなどの学習成果を可視化した資料を活用することを求めています（日本経済団体連合会 2022）。また、就職活動時だけでなく、採用後の配置や人事評価の参考資料としての活用への期待もあります（湯本、住田 2019）。

　そこで、学生の就職先に対してディプロマ・サプリメントの存在を周知し、普及を促進する取り組みが大学には求められるでしょう。取り組みの具体例として、企業等の人事担当者を対象とした、ディプロマ・サプリメントの活用に関する説明会の実施が挙げられます。説明会では、ディプロマ・サプリメントの趣旨や構成の説明に加えて、教職員との活用可能性に関するディスカッションの機会を設けるとよいでしょう。企業等のディプロマ・サプリメントに対する具体的なニーズや、現状のディプロマ・サプ

リメントの課題などが把握できるためです。なお、対象とするのは、卒業
生が多く就職している企業等が考えられます。学内で就職の合同説明会を
開催している場合は、合同説明会に参加する企業等を招待するのもよいで
しょう。

8章

幅広い学習を評価する

1 幅広い学習の評価とは

(1) 授業以外でも学習は行われる

学生の学習は授業の中だけで行われるわけではありません。学生が自身の関心や必要に応じて自主的に目標を定め、学習することもあります。資格や免許の取得に向けて学習する学生、大学が提供する授業以外の教育活動に参加する学生もいるでしょう。

大学の授業で提供される知識や技術を、入学時点である程度身につけている学生もいるかもしれません。編入学や再入学をしている学生、**リカレント教育***を修了して入学した社会人学生などです。

また学生はさまざまな経験を積む中で、意図せずに学習していることもあります。部活動を通じてリーダーシップやコミュニケーションの能力を高めたり、アルバイトを通じて働くことに対する態度を身につけたりするかもしれません。学生には幅広い学習の機会があるといえるでしょう。

ここでいう幅広い学習とは、以下のような活動を想定しています。まずは、自大学における**正課外活動***をはじめとした授業以外の活動での学習です。また、国内外の他大学で提供されている授業科目の履修、企業や団体等で行われている試験の受験や資格の取得などに関わる学習も、幅広い学習の機会に含みます。

(2) 幅広い学習を評価する背景を理解する

近年の大学では幅広い学習を評価することが行われるようになってきています。幅広い学習を評価する背景の1つに、学習目標が専門分野の知識

や技術にとどまらないさまざまな能力について定められるようになっている状況があります。主体性や責任感といった態度に関わる学習目標にとって授業以外の学習は重要です。

多様な学生の存在も背景の1つでしょう。社会人学生をはじめとして、入学までにすでに一定の学習歴を有している学生が今後多くなることが予想されます。**履修証明プログラム***などを経験した学生もいるでしょう。中には入学後すぐの授業で提供されるような基礎的な知識を十分に有している学生も想定されます。多様な学生が効率的に学べるカリキュラムを実現するためには、その学生がこれまでどのような教育を受けてきたのかを踏まえ、必要に応じて対応することが大切です。

以上のような背景があることから、多くの大学では授業以外の学習の機会を取り入れる動きが活発になっています。たとえば、学外者が主催する試験の受験、授業以外の海外留学やフィールドワークへの参加、資格の取得などです。さらに正課外活動をはじめとした学生の活動を学習の機会と捉え、その支援も行われています。

(3) 幅広い学習を評価する方法を理解する

大学や学部等による幅広い学習の機会を提供する仕組みとして、**単位互換制度***があります。他大学で修得した単位を自大学の単位として認定する制度です。学生が他大学で行った学習に対して評価を行う仕組みといってよいでしょう。また、学外で実施された試験の結果をもとに単位認定を行う仕組みをもつ大学もあります。

単位認定を行う場合、認定した単位を**卒業要件***にどのように位置づけるかを検討する必要があります。卒業要件とする場合は、カリキュラムにおける当該単位の重要性、他の学生との公平性などに注意しなければなりません。海外留学について必修化しようと考える場合は、学生の時間的、金銭的な負担にも配慮しなければならないでしょう。

また単位認定を伴わないこともあります。ある活動を終えた学生に対して修了証を発行したり、学外等ですぐれた活動を行った学生を顕彰したり

するのは、その一例です。何らかの学習の修了証明を**オープンバッジ***のようにデジタル化し、半永久的に利用できる仕組みをつくる大学もみられます。

　学生が自分の成長を把握できるように促すのも、幅広い学習の評価において重要です。そこで、大学生活のさまざまな場面が学習の機会だと学生が捉えられるようにします。たとえば、**ポートフォリオ***に学外の活動を通じて成長できたと感じたことについて記録する箇所を設けることで、学生は学外の活動も学習の機会だと認識することができます。学生自身もさまざまな経験を通じて自分がどのように成長できたかを振り返ることになり、就職活動などに活かすことも期待できます。また学生の記述から、学生がどのような活動に意義や成長実感をもっているかを大学として把握することができます。

(4) 幅広い学習の評価の方針を理解する

　組織として行う以上、幅広い学習に対する評価の方針は授業科目における評価と変わりません。まずは学習の成果物に基づいた評価を行うため、明確で具体的な成果物があることが前提となります。加えて、学生による成果物以外の情報が必要な場合があります。単位互換制度であれば、自大学のカリキュラムの単位に読み替えてよいかを判断するには、相手先の大学における当該授業の**シラバス***などの情報が必要です。

　明確な成果物がない場合であっても、学生にレポートや活動報告などを課すことができるはずです。正課外活動について評価を行いたい場合であれば、その振り返りを記述させたり、ヒアリングしたりすることができます。学生の記述や発言を裏づける根拠資料があるべきです。大学として評価を行ううえでは何らかの具体的な成果物を設定するようにしましょう。

　さまざまな機会を学習と捉えるうえで、教育機関としてその機会が学習機会として適切かどうかを判断することも重要です。大学として評価を行う以上、評価結果について大学は社会に対して説明責任をもちます。社会的に不適切な活動に対して単位を認定するようなことがないように、教育

的意図に基づいて評価を行います。

　もちろん、大学や学部等の教育の方針にふさわしいものかどうかも点検します。これまでになかった種類の活動に対して評価を行う際には、当該活動が内容、水準ともに問題ないか、**ディプロマ・ポリシー***の学習目標などに対応しているのかといった教育活動としての位置づけを明確にするようにしましょう。

2　カリキュラムの基準と照らし合わせる

(1)　法令に則しているかを確認する

　とりわけ単位認定や卒業要件などカリキュラムに関わる場合は、いくつかの基準を設け、それと照らし合わせることが必要です。もちろん、単位認定を行わなかったり、卒業要件にしなかったりする場合でも、大学が提供する学習については、教育的意図を明確にしておくことが求められます。

　まず確認すべきは法令との対応です。カリキュラムに関わる学習内容であれば、**大学設置基準***に特に注意します。大学設置基準の第28条では、「他の大学、専門職大学又は短期大学における授業科目の履修等」、そして第29条では「大学以外の教育施設等における学修」として、自大学以外での学習の単位認定を認めています。一方で、これらの学習による単位が60単位を超えてはならないという制約も定めています。他の教育機関から編入してきた学生や、**科目等履修生***を経て入学してきた学生に対しては気をつけるようにしましょう。

　他に資格に関わる課程についても対応する法令に注意しましょう。たとえば、編入学した学生が教員免許の取得を目指すのであれば、これまで履修した単位をどのように扱うかに関しては、それぞれの事情を勘案した判断が求められます。教員免許にとっての教育職員免許法など、遵守すべき法令が別に存在する場合もあります。

(2) 単位の考え方と照らし合わせる

　大学設置基準をはじめとした法令との対応において、単位の考えを踏まえることは特に重要です。単位は学習時間によって定められます。大学設置基準においては、1単位を45時間の学習を必要とする内容によって構成することが標準とされています。何らかの学習を単位認定したいと考える際には、1単位45時間の学習を目安として検証を行います。

　また、単位の認定にあたっては、学習時間だけでなく評価方法についても留意するべきです。大学設置基準では、成績評価にさまざまな方法を用いることを認めつつも、客観性と厳格性の確保を求めています。幅広い学習に単位を認める際には、学生の能力を可視化できる方法を用いたり、基準を明確に設定したりすることが望ましいでしょう。これらは、単位を認めない場合でも同様です。学生の学習成果を評価するうえで、幅広い学習においても、学習時間や学生の学習に対する評価方法には留意すべきでしょう。

(3) ディプロマ・ポリシーと照らし合わせる

　法令との対応を確認できれば、次は大学や学部等が定める方針や学習目標との対応を検討します。卒業要件とするのであれば、ディプロマ・ポリシーや**カリキュラム・ポリシー***にその旨を記載するか、特定の授業科目と対応させて、単位認定を行うことが必要です。いずれの場合も対象となる学習がカリキュラムのどの学習目標に対応しているのかを明確にしなければなりません。

　対応しているかどうかについては、領域と水準の観点で考えるのがよいでしょう。領域とは、当該学習目標がどういった種類の資質や能力に関わるものかを示したものです。学力の3要素や**ブルーム・タキソノミー***がその代表例です。また、領域だけでなくどの程度の学習であるかの水準も明確にしましょう。たとえば同じ英語の民間試験を活用するとしても、1年次と4年次では求められる水準は変わりうるでしょう。数値による可視

化が難しい能力であっても、カリキュラム・ルーブリックなどを活用すると、ある程度の水準を明確にできます。それぞれの学習について、カリキュラムの学習目標の領域と水準を意識することが大切です。

3　学習成果を単位として認定する

(1)　単位認定の体制を整備する

　幅広い学習における学習成果を単位として認定するためには、どのような学習について認定を行うのかだけでなく、認定を行う過程についても整備する必要があります。

　まずは管轄する学部等や部署を明確にします。英語の授業の一環に民間試験を導入するといったように、特定の授業科目と紐づける場合は、その授業科目の担当者や担当部署が中心となるでしょう。特定の授業科目と紐づかない場合は、管轄する会議や単位を認めるための方針、過程について定めておきます。学生の申請に基づいて単位を認定するのであれば、学生にどのような形で申請について告知するのか、申請から認定までどのようなスケジュールとするのか、申請のためにどのような書類を提出するのかについても検討しなければならないでしょう。大学では単位認定の考え方や基準について規程を定めているのが一般的です。規程があっても、個々に判断を要する場面もあります。また、法令の変更など、規程を見直すべき場合がある点にも注意しましょう。

(2)　入学前の単位を認定する

　大学に入学する以前に学生が修得した単位を認定する制度があります。入学前に他の大学や短期大学で修得した単位や、他の教育施設や試験などで取得した資格を自大学の単位として認定するのです。共通科目や専門科目の科目群ごとで、認定される単位に上限を設けることも行われています。いずれの場合も、入学年度の学生からの申請をもって認定の可否が審

議されるのが一般的です。

　入学前の単位の認定は、学生の履修の負担を少なくする趣旨で行うわけではありません。他の授業科目の履修を学生に促すなど、大学には学生の学習活動の充実を図ることが求められます。なお、自大学のカリキュラムにおいて重要な授業科目については、安易に入学前の単位に代えるべきではないでしょう。実際に、重要な授業科目は入学前の単位認定の対象外としている大学もあります。

　入学前の単位認定の制度は近年、高等学校と大学の接続や学部から大学院への接続において用いられるようになっています。大学入学前の単位認定は、円滑な高大接続のために、高校生にも提供された大学の一部授業の単位を、大学入学後に認めるものです。

　また、大学院の授業科目を学部段階で早期に履修できるようにすることや、5年で**学士***と修士の**学位***を取得できる課程を設定する大学もあります。大学院に入学する前の単位が修士課程の修了要件に定められた単位として認定されることになるでしょう。

　教員や学芸員の免許や資格の取得を目指す学生に対して、入学前の単位を認定する仕組みもあります。関連する授業科目について、学力に関する証明書の提出を求めるものです。成績に関する情報に加えて当該授業科目のシラバスなど、認定に必要な判断材料の提出を求めるようにします。

(3) 他機関と連携して単位認定をする

　幅広い学習機会を提供するうえで他機関との連携が重要になります。代表的な方法として、複数機関からなる**コンソーシアム***の中で学生が他機関の授業を履修できる単位互換制度があります。海外の大学と連携していれば留学をしながら卒業要件の単位を修得することもできます。学生の多様なニーズに応えることが可能になる一方、自大学のカリキュラムに照らし合わせ、単位互換が適切に行われているかを点検しなければなりません。必修や選択といったカリキュラムにおける位置づけによって、単位互換については表1のようなガイドラインが文部科学省によって定められて

います（中井編 2021）。

表1　単位互換の考え方

必修科目	他大学の授業科目と自大学の授業科目の間に、内容・水準等について1対1の対応関係にある場合に限り認定できる
選択科目（特定の科目から選んで修得することが義務づけられている）	自大学の選択科目の特定の科目群の範囲内とみなせる程度の同等性がある場合には、内容・水準等について1対1の対応関係がなくても認定できる
自由科目のうち、卒業要件として必要とされる科目	
卒業要件に必要ではない授業科目	自大学との授業科目と内容・水準について1対1の対応関係がなくても認定できる

出所　中井編（2021）

　他機関との連携の方法には授業科目の共同開講もあります。大学設置基準第19条の2では連携開設科目として定められています。**大学等連携推進法人***に属する大学間において、他大学の開設する授業科目を自大学のものとみなすことができる制度です。複数大学間での教育資源の共有による有効活用が図れるほか、各大学の弱点分野の相互補完や地域のニーズに則した人材の育成も期待できます。実際に連携開設科目を開講している大学では、同じ授業科目についてそれぞれの大学の体裁によるシラバスを作成しています（清水 2023）。実施においては大学間の時間割や学年暦が異なっていることもあるため、関連する大学のスケジュールは正確に周知するようにします。大学間で時間割を調整できない場合は、夏季休業期間や土日での集中講義、あるいはオンデマンド授業として開講するとよいでしょう。

（4）外部試験や取得資格によって単位認定する

　学外の団体や民間の事業者などが提供する試験や資格取得も取り入れら

れています。語学の能力を測るための試験などが該当するでしょう。簿記や情報処理技術者の試験などを取り入れている事例もあります。英語をはじめとして、入学前に受けた外部試験の結果に基づいて、単位を認定することも行われています。

　多くの大学が学外の試験等を取り入れる際に正規の授業科目に紐づけています（六車 2005）。授業科目と紐づけることで対策を立てて試験に臨めるからです。一方で、自大学のカリキュラムとの対応には留意が必要です。実施目的が明確でないまま、学内での導入だけが先行するのは適切ではありません。学外の試験の結果がカリキュラムにどのように関わっているかも明確にしましょう。中には高等教育の水準や内容としてふさわしくないものもあるので、試験や資格を精選してから取り入れるのが原則です。

　学外の試験や資格取得を取り入れる課題として、「教職員の業務が増大する」「学生のテスト受検時間の確保が難しい」といったものが挙げられます（リベルタス・コンサルティング 2018）。学外の試験の導入に抵抗感をもつ教員もいるかもしれません。自大学のカリキュラムと当該試験の関係性を十分に説明できるように検証することが求められます。

4　幅広い学習を大学として認定する

(1) 学生のさまざまな活動を学習の機会とする

　カリキュラムに紐づかなかったり、単位認定を伴わなかったりする活動であっても、学習の機会として捉えることができます。正課外活動やその中でも特に教職員の関与の高い**準正課教育***などです。大学としてはこれらの活動もまた、学習目標の達成に寄与する重要な学習の機会と捉えることができます。

　正課外活動や準正課教育を評価する場合でも、やはり明確な成果物が必要であることには変わりません。学外での**ボランティア***の活動であれ

ば、活動の成果を学生がポートフォリオに記述したり、活動について報告する機会を与えたりすることで評価が可能になります。成果物に基づいて、教職員が助言を与えたり、すぐれた活動に対して顕彰したりするなどフィードバック*も可能になります。単位認定に代わって修了を証明することもできます。

　ただし、さまざまな活動を大学として学習の機会と位置づける以上、そうした活動に支援を提供すべき場面もあるかもしれません。基本的には学生の自主性にゆだねるべきところもありますが、大学として当該活動を何らかの形で認定するのであれば、教育的な働きかけを大学から行うべきでしょう。予算や施設の支援だけでなく、大学が公認する部活動・サークルの部長などを対象にリーダーシップ研修を実施するなどの支援もあります。高めてほしい能力が具体的に想定されている場合は、それらを高める機会を大学として提供できるとよいでしょう。

(2) 意欲のある学生の活動を認定する

　大学や学部等が提供する特別プログラムの1つとして**オナーズプログラム***と総称されるものがあります。オナーズプログラムとは優秀学生を対象としたプログラムです。ただし、プログラムの形式や方法は大学や学部等によってさまざまです。たとえば、学部段階において大学院の授業の履修を早期に認めるもの、通常のカリキュラムとは別のカリキュラムで学習するものがありますが、学費の免除などの経済支援そのものを指すこともあります。

　正課とは別に行われるオナーズプログラムもあります。たとえば、意欲ある学生の自主的な研究活動を支援するプログラムです。研究計画書や申請書などによる書面や学生の成績などによる審査を経て、研究費を支給したり、教員からの指導や助言を提供したりするものです。審査を通っている時点で、その学生の研究計画に対し大学が認定を与えているといえるでしょう。多くの場合、成果発表会や学外のイベント等における研究成果の発表を課しています。また、多くのオナーズプログラムでは、活動の成果

を、関係者の中だけに閉じずに学内外に広く発信しています。学外への発信は学生の意欲をより高めることにつながるだけでなく、自大学の意欲ある学生がどのように学んでいるかを社会に提示することにもなります。学生の同意を得ないといけませんが、すぐれた成果は積極的に公表すべきでしょう[7]。

(3) 学習支援への関与を認定する

他の学生の学習を支援する学生もいます。たとえば、授業における**ティーチング・アシスタント**[*]や、**ピアサポーター**[*]として他の学生を支援する学生です。「教えることによって学ぶ」という言葉があるように、これらの活動は、支援を提供する学生にとっても学習機会となるのです。

学習機会とするためには、事前の研修と事後の振り返りを教育的な意図をもって行うようにするとよいでしょう。学習支援に関与することでどのような能力が育成されるのかを、実際の業務と紐づけながら確認します。専門知識の理解が深まったり、学生同士のファシリテーションの能力が高まったりすることが期待されます。さまざまな能力の育成も視野に入れながら、研修や振り返りを実施するようにしましょう。

評価においては業務報告書などに基づくとよいでしょう。報告書にうまくいったことや今後の改善点などを含めることで、学生の振り返りを促すことができます。また、実際の業務に対して、管轄する教職員からコメントを伝えるとよいでしょう。従事した学生のすぐれた点についてのフィードバックがあることで、学生は自分の強みを自覚することができます。

(4) 学習の修了を証明する

単位の認定が伴わない場合でも、大学が提供した学習機会であれば、何らかの形で学習したことを証明するべきでしょう。学生の達成感につながるだけでなく、さまざまな場面での学習歴の証明としても活用することもできるからです。

学長や学部長など活動を管轄する部署の代表者の名義で修了証を発行す

ると、公的な証明となり、学生が就職活動などの際に活用しやすくなります。修了証明に通し番号をつけることで、修了生同士の連帯感や帰属意識も高まるでしょう。修了式のようなセレモニーを催し、学生に修了証を授与したり、卒業式で学位記とあわせて渡したりしてもよいでしょう。

　オープンバッジのような技術もあります。オープンバッジは偽造、改ざんができない形で、国際的に標準化されたデジタルによる学習歴の証明です。取得したオープンバッジは履歴書や SNS などに掲載することができます。データサイエンスに関する授業科目や教育プログラムで導入する大学も増えています[8]。紙を必要としない、長期的な保存が可能であるなどの利点があることから、分野を問わず幅広い学習機会の証明として活用が期待されるでしょう。

9章

学生調査を活用する

1 学生調査の意義と方法を理解する

(1) 学習成果の背景になる情報を把握できる

　学習成果の評価は、筆記テストやレポートなどの成果物をもとに学生が何をできるようになったのかを**直接評価***により確認するのが基本です。直接評価は学習成果の評価に必要不可欠であるといってよいでしょう。しかし、直接評価も完璧な方法ではありません。学生がなぜできるようになったのか、どの程度積極的に学習したのかといった、学習の行動や過程に関する情報までを直接評価から得るのは容易ではないためです。

　また、学生は正課だけでなく**正課外活動***でも資質や能力を向上させます。しかし、成績評価は通常、正課のみを対象として行われるものです。つまり、正課外活動で学生が何を経験しどのような能力を伸ばしているのかまでを、直接評価により評価される機会は多くありません。**間接評価***は直接評価がもつこういった課題をカバーできるのです。

　間接評価の代表的な方法が学生調査です。学生調査は、学習の行動や過程といった学習成果の背景となる情報について、正課外活動の状況も含めて把握することができます。学習成果の自己認識についても尋ねるため、直接評価の結果とのギャップも確認できます。これらの情報は教育や学習の改善につながるヒントになるでしょう。

(2) アンケート調査が主な方法である

　学生調査は主にアンケート調査とインタビュー調査により行われます。特にアンケート調査は、非常に多くの大学で実施されています。その背景

には、アンケート調査が効率的にデータを収集し、客観的に結果を提示できる利点をもつことが挙げられます。

アンケート調査では設問を設計しさえすれば、同時に多人数の学生に対して調査を行えます。効率的に多くのデータを収集可能な方法だといえます。また、設問の多くはいくつかの選択肢から回答の選択を求めるものです。このような多肢選択式設問のデータは定量的に集計されるため、客観性の高いものとみなされやすいでしょう。

アンケート調査では、多肢選択式設問だけでなく自由記述式設問が設けられることもあります。自由記述式設問は選択肢を選んだ理由や、選択肢に該当しない場合の意見を収集する際に活用されます。

アンケート調査には課題もあります。回答者とは紙またはウェブを介して意思疎通を図るため、あらかじめ決められた設問の範囲でしか調査できません。そのためアンケート調査で尋ねることのできる内容は、最初に調査者が想定した範囲に限られます。また、設問文に後から説明を補足できないため、設問の意図が伝わるかどうかは回答者の理解に依拠せざるをえないという限界もあります。

(3) インタビュー調査も活用される

アンケート調査に加えて、インタビュー調査を行う大学もあります。インタビュー調査はアンケート調査と異なり、回答者に設問の意図が伝わっていなくてもその場で補足説明を加えることができます。また、回答者の回答内容に対して質問をその場で追加し、より詳細な回答を得ることも可能です。調査者が臨機応変に回答を引き出したり設問を提示したりできる点は、アンケート調査にはないインタビュー調査の利点です。

インタビュー調査は、アンケート調査の設問を決めるための予備調査にも用いることができます。たとえば**LMS***を用いて学習する際の問題点をアンケート調査で尋ねようとしたとき、LMS で表示される画面は教職員と学生で異なり、どのような問題点があるか教職員が想定しにくい場合もあります。そういったときにあらかじめ数名の学生に LMS で学習する際

の問題点をインタビュー調査で尋ねておくと、教職員が気づいていなかった問題点を把握できるかもしれません。気づいていなかった問題点を含めてアンケート調査で広く尋ねることにより、学生全体にかかる問題点をより正確に把握することにつながるでしょう。

　また、アンケート調査の回答に関連して、より詳細に知りたかったり、アンケート調査の設問に含まれていなかったことを尋ねたいときには、アンケート調査の後にインタビュー調査を実施する場合もあります。

　なお、インタビュー調査には、調査者と回答者の双方とも多くの時間を要するという課題があります。調査にかかる時間は1回あたり60分を超えるものも多く、回答者との時間調整も必要です。分析にあたってはインタビューの**逐語録***の作成や、発言内容の質的な分析にも労力がかかります。インタビュー調査の実施にあたっては、アンケート調査よりも人員や時間の確保や調整が難しいことを念頭に入れておきましょう。

　以上のことからアンケート調査もインタビュー調査も、それぞれ長所と短所をもち合わせた方法だといえます。双方の長所と短所を踏まえながら、データを収集する目的や調査に費やせる時間と人員の兼ね合いも考え、どの学生調査を実施するかを決めていくべきでしょう。

(4) 倫理に配慮する

　アンケート調査でもインタビュー調査でも、学生の心身に配慮した倫理的な調査にしなければなりません。激しく身体的苦痛を与えるような学生調査は想定されにくいですが、回答時間が長時間にわたるものになると、回答する学生がある程度の身体的負担を感じるかもしれません。

　一方で心理的な苦痛を与えるおそれもあります。心理的な苦痛の要因になりうるものとしてまず、設問の内容があります。たとえば**ハラスメント***に関する設問は学習の実態を把握するうえでも尋ねうるものですが、回答の際に学生がハラスメントを受けた経験を思い返して苦痛を感じるかもしれません。このような設問を含めるのは、目的に照らしてどうしても必要不可欠と判断した場合に限るべきでしょう。また、インタビュー調査

では調査者の言動や態度が学生に苦痛を与えるかもしれません。調査者は学生の回答を否定したり失礼な尋ね方をしたりしないように注意する必要があるでしょう。

　学生が心身の負担を少しも感じないような学生調査を設計するのは容易ではありません。もちろん、これまでに述べたような負担を軽減するための配慮は可能な限り施すべきです。しかし回答する個々の学生はそれぞれ異なる経験や考え方をもち、何に負担を感じるかを推し量るのには限界があります。そこで学生調査を行うにあたっては、調査に回答するかどうかを選択する裁量は学生にあるという前提にします。具体的には、調査者があらかじめ調査目的や設問、回答結果の取扱いを明示し、それらに対する学生の同意を得るようにします。さらに、学生が回答を始めた後でも途中で回答をやめる裁量ももつようにしておくとよいでしょう。学生が安心して学生調査に協力できるようにするのは、調査者の義務なのです。

　なお、学生調査の実施が倫理的かどうかについては、学内に研究倫理審査に関する規程があれば、それを参照できます。研究においてもアンケート調査やインタビュー調査がよく行われますが、調査に先立ち研究倫理審査を要する大学が多くあります。学生調査においても、研究倫理審査に準じたチェックを行うことで、回答者が学生調査により安心して回答できるようになるはずです。

2　アンケート調査を設計し実施する

(1)　調査設計の基本枠組みを理解する

　カリキュラムにおける学習成果を把握する目的でアンケート調査を行うのであれば、どの時点が適切でしょうか。まず想定できるのは学生の卒業時です。多くの大学が、卒業を控えた学生を対象にアンケート調査を行っています。卒業を目前に控えた時期は、在学期間全体の学習に関する状況を把握できる最大の機会だからです。

アンケート調査の設問を設計する際は、**IEO モデル**[*]を参考にするとよいでしょう。IEO のうち、在学中の活動（Environment）と卒業時の学習成果（Outputs/Outcomes）に関する設問が、卒業時のアンケート調査で一般的に尋ねられているものです。学生が取得した資格や免許や、学習成果に対する自己認識に関する設問が、卒業時の学習成果を尋ねるものになるでしょう。在学中の活動に該当する設問には、学生が参加した教育プログラムや課外活動、授業科目への取り組み姿勢など、学生の学習行動や学習意欲に関するものが挙げられます。

(2) 学習成果を尋ねる

学習成果を尋ねる典型的な設問は、**ディプロマ・ポリシー**[*]に掲げた学習目標の到達度に関するものです。端的に尋ねるのであれば「あなたはディプロマ・ポリシーに掲げた能力を身につけたと思いますか」となりますが、このような尋ね方だと学生は回答しにくいと感じるでしょう。アンケート調査に回答する際に、ディプロマ・ポリシーの内容を記憶している学生は多くないためです。

したがって、アンケート調査でディプロマ・ポリシーに掲げた学習目標の到達度を尋ねる際には、ディプロマ・ポリシーの内容を回答フォームの中に記載しておくとよいでしょう。ディプロマ・ポリシーが長い文章の形で記載されている場合は、文章に複数の資質や能力が含まれているため、設問をいくつかに分けることが望ましいでしょう。複数の資質や能力を身につけたかどうかを 1 つの設問で尋ねると、ある能力を身につけたけれど他の能力を身につけていないと考える学生は回答しにくいおそれがあるからです。たとえば「物事を多面的に分析し、思いやりをもって他者と接することができる」といったディプロマ・ポリシーであれば「物事を多面的に分析できる」かを尋ねる設問と「思いやりをもって他者と接することができる」かを尋ねる設問に分けると、学生は回答しやすくなります。1 つの設問で 2 つのことを尋ねる**ダブルバーレル**[*]になっていないか注意しましょう。

ディプロマ・ポリシーに掲げた学習目標の到達度だけでなく、学外でつくられた枠組みを用いて学習成果を尋ねる方法もあります。総合的な能力であれば、文部科学省が定義した**学士力***や、経済産業省が定義した**社会人基礎力***といった枠組みを活用できるでしょう。専門分野の能力であれば、**日本学術会議***が「大学教育の分野別質保証のための教育課程編成上の参照基準」の中で言及している能力について習得度合いを尋ねることもできます。

　この他、取得した資格や免許に関する設問も、学習成果を尋ねる設問として位置づくでしょう。取得した資格や免許の名称を尋ねる設問が考えられます。語学の資格であれば点数や取得した級の回答を求めるような設問もあります。

(3) 学習行動を尋ねる

　学習成果の高い学生と低い学生に分かれるのはなぜでしょうか。高い学習成果の学生にはどのような特徴があるのでしょうか。学習成果のデータだけでは、これらの問いに容易に答えることはできません。しかし、学習成果の背景となる学習行動に関するデータとあわせると、これらの問いへの考察をしやすくなります。

　学習行動のデータにはまず、学習の量に関するものがあります。アンケート調査ではよく、1週間の生活時間を尋ねる設問が設けられています。学習とそれ以外の時間の使い方について尋ねるものです。学習といっても、授業時間内の学習と授業時間外の学習があり、さらに後者には、宿題など授業に関わるものもあれば、資格や国家試験対策など授業と関連しないものもあります。そして、学習以外の時間には部活動やサークルなど課外活動の時間、アルバイトの時間、友人と交流する時間なども含まれます。

　アンケート調査では、学習に対する態度や経験を尋ねる設問が含まれることもあります。たとえば「共通教育の学習を熱心に行いましたか」といった科目区分ごとの積極性を問うものや「授業でグループワークを行う

機会はどの程度ありましたか」といった学習経験の頻度を問うものです。アメリカの大規模な学生調査である NSSE（National Survey of Student Engagement）では、High-Impact Practice という学習成果に大きな影響を与えるとされる教育活動の経験頻度を尋ねています。表 1 は High-Impact Practice の具体的な取り組みを示しています（Kuh 2008）。日本でも多くの大学が**サービスラーニング***や**インターンシップ***を取り入れています。大学がこのような機会を用意しているのであれば、学生に参加経験を尋ね、学習成果との関連を分析してみることも重要です。

表 1　High-Impact Practice（学習成果に大きな影響を与える経験）

・初年次教育
・共通の学習経験
・ラーニングコミュニティ 　（学生がグループでまとまっていくつかの授業科目を学ぶ教育プログラム）
・ライティングの集中コース
・協働による課題やプロジェクト
・学士課程での研究活動
・多様性／国際性の学習
・サービスラーニング、地域基盤型学習
・インターンシップ
・キャップストーン（集大成）となる授業科目やプロジェクト

出所　Kuh（2008）

　また、学習にかかる施設やサービスの利用状況を尋ねる設問もあります。図書館、パソコンなどの端末が置かれた空間、**ラーニングコモンズ***など、さまざまな学習空間が学内には設けられています。これらの利用状況を尋ねることで、学生の学習行動に関する情報を収集できるでしょう。あまり活用されていない施設やサービスがあれば、学習支援の改善に向けた検討が必要かもしれません。

(4) アンケートを記名式で行うかを検討する

アンケートを実施する際に懸案事項となりやすいのが、記名式で行うかどうかです。記名式で行うと、アンケートに回答する学生から学生番号や氏名といった個人を特定する情報を取得することになるでしょう。

もちろん無記名式でアンケートを行っても、回答者全体としての傾向は分析できます。学部や学科を尋ねる設問を加えれば、学部あるいは学科ごとの傾向も分析できるでしょう。しかし、記名式で行えば、これらに加えて個々の学生ごとの分析も行えるようになるのです。たとえば、**GPA***とアンケートの回答結果を関連づけて分析することは、無記名式のアンケートではできません。同じ学生の在学中の調査結果と卒業時の調査結果の経年比較も、記名式でアンケートを行ってはじめて可能になります。多面的な分析を行いたいのであれば、記名式でアンケートを行う方が目的を達成しやすいでしょう。

ただし、記名式で行う場合には課題があります。1つは**個人情報***の管理です。アンケート結果のデータ管理を厳重にしておかなければなりません。もう1つは、学生が事実や本心と異なる回答をするおそれがあることです。学生は実際よりも学習時間を多く回答したり、ディプロマ・ポリシーに掲げた能力の習得について甘めに回答したりするかもしれません。実態に即した回答をしてもらうために、設問の前の表紙に記載する鑑文などで丁寧な説明を加えるべきでしょう。たとえば「答えにくい質問は無回答でも大丈夫です」「回答した内容が成績（または卒業判定）に影響することはありません」「得られたデータは厳重に保管されます」といったような説明です。記名式でアンケートを行う場合、学生が安心して回答できるような配慮には特に注意すべきであるといえます。

(5) 複数時点でアンケートを行う

アンケート調査は、入学時、在学中、卒業時といった複数の時期に行うことができるでしょう。

入学時に行われる調査は、大学入学までの学習行動や身につけた能力の把握を主な目的として実施されます。IEO モデルの Inputs、つまり入学までの環境や経験に関する設問が中心となります。入学後の見通しに関する設問を加えるのもよいでしょう。たとえば今後身につけたい能力や将来の進路などに関する設問です。

　表2は、入学時に尋ねる設問の具体例です。これらの設問で入学までの環境や経験あるいは入学後の見通しを回答すると、入学後あるいは卒業時の学習成果への影響要因や影響の程度を把握できるようになります。回答結果を学生の入試区分ごとに集計することで、各入試区分の意図にそった学生が入学しているのかどうか確認できます。

表2　入学までの環境や経験、入学後の見通しに関する設問例

・入学前にグループワークや発表など、自分の意見を発信する授業をどの程度経験しましたか
・入学前に遠隔授業をどの程度経験しましたか
・入学前の学習について、○○（授業の予復習、宿題や課題、グループワークなど）には積極的に取り組んでいましたか
・入学前の学習について、計画を立てて取り組んでいましたか
・大学入学後に必要とされる○○（英語、数学、文章を読む力、情報を整理する力など）の能力について、どの程度身についていると考えますか
・大学で○○（部活やサークル、ボランティア、留学、教員免許の取得など）に取り組みたいと考えますか
・大学の授業についていくことができそうだと考えますか
・卒業後の進路についてどの程度見通しをもっていますか

　入学から卒業までの間に学生に対してアンケート調査が実施される場合もあります。同一の学生を対象に同一の設問を含めて、入学から卒業までの間に複数回行うアンケート調査は、**パネル調査***とも呼ばれます。パネル調査の主な目的は、学生の経年変化を捉えるところにあります。入学時よりも学習に積極的に取り組んでいるか、大学の授業についていけるという実感をもちつづけられているかなど、過去にもっていた見通しが実際ど

のようになったかを把握することができます。大学あるいはカリキュラム
として意図した変化が学生に生じていないのであれば、改善策を検討しな
ければならないでしょう。もちろん、卒業時のアンケート調査だけでも課
題を発見できる可能性はあるのですが、パネル調査によってより多面的な
学習成果の評価と分析を行うことができます。

　アンケート調査の回数を増やせば増やすだけ、学習成果の分析の切り口
が増えるのは確かです。しかし、それではアンケート調査に回答する学生
も実施する教職員も負担は増えてしまいます。実施により期待される効果
と、学生や教職員の負担度合いの兼ね合いを考えながら、アンケート調査
を行う適切な回数を検討するようにしましょう。

(6) アンケート調査の回答率向上を図る

　学生に対するアンケート調査は、その周知や段取りに工夫を施さないま
までは、低い回答率になってしまいかねません。回答率が著しく低いと、
調査の結果が学生全体の傾向を示すとはいえないかもしれません。した
がって、アンケート調査の設計段階で回答率を向上させるための工夫が必
要です。

　まず、設問の構成について考えてみましょう。基本的には、学生が答え
やすいように文章の形で回答する自由記述式設問より、いくつかの選択肢
から回答を選ぶ多肢選択式設問で始めるようにします。多肢選択式設問で
あっても、選択肢が多すぎるのは望ましくありません。多肢選択式設問で
は、人は最初か最後の方にある選択肢を選びやすいからです。「もっとも
あてはまるものを1つ選んでください」といった単一の回答を求める多肢
選択式設問であれば、選択肢は3〜6つ程度が適当でしょう。

　また、回答に多くの時間を要するアンケート調査も避けるようにしま
しょう。回答が完了するまでおおむね15分以上かかるアンケート調査
は、設問の見通しを図るべきかもしれません。特に、卒業時のアンケート
調査はさまざまな部署から設問が寄せられる可能性もあります。学習成果
の評価以外の目的とあわせて実施すると、設問数はどうしても多くなるた

め、関連部署間で設問数を調整しなければならない場合もあるでしょう。

　アンケート調査の実施にあたっては、紙またはウェブによる方法があります。紙での実施であれば、アンケート用紙を配付すればすぐに学生は回答することができるため、回答率の上昇につながるでしょう。卒業時のアンケート調査であれば、卒業式やゼミの最終回などで実施するとよいかもしれません。

　ウェブでアンケート調査を実施する場合も、紙での実施と同じように学生が一堂に会する機会を検討してみます。そういった機会がない場合は、多方面からの周知を行えないか考えます。たとえば、学生が利用するポータルサイトだけでなく、個々の教員へ授業中での周知を依頼する方法があります。卒業時のアンケート調査であれば、卒業論文の提出を受け付ける職員から回答を促すこともできるでしょう。未回答者への督促メールやメッセージも効果があるはずです。未回答者個人宛に発信すると、回答しなければならないという気持ちが高まるかもしれません。

　全学的に実施するアンケート調査であれば、学部あるいは学科ごとの回答率を実施期間の途中段階で集計し、一覧表にしたものを学部や学科に周知する方法もあります。回答率が相対的に低い学部や学科に、回答率向上を依頼するとよいでしょう。ただし、学部あるいは学科間比較が忌避される大学もあるため、一覧表による周知が行えるかどうかについては慎重に検討しなければなりません。

3　インタビュー調査を設計し実施する

(1)　個別またはグループを対象にする

　インタビュー調査には対象となる学生1人に対して行う個別インタビューと、集団に対して行うグループインタビューがあります。個別インタビューは、個人の意見や心理的側面を詳細に把握しようとする際に適しています。学生本人が気づいていない行動や態度の深層を発見できます

が、1人ずつ行われるものであるため、調査者側の大きな労力を要します。個別インタビューを行うのは、成績優秀者のような特筆すべき学生の学習成果を把握するなど、特定の目的がある場合に限る方がよいかもしれません。

　グループインタビューは、特定のテーマにそって、調査者と複数の学生がグループになり議論をする方法です。まず、調査者が議論してほしいテーマを提示し、最初の質問をします。その後、学生が順番に意見を述べたり、調査者が意見に対する質問をしたりします。学生の意見に対する質問や考えを他の学生に発言するよう促すのも調査者の役割です。グループインタビューにおいて調査者は、議論を促すファシリテーターの役割を担っているといえるでしょう。

　グループインタビューのもっとも大きな利点は、学生間の相互作用を活用できることにあります。ある学生の発言によって、別の学生が意見を思いついたり新たな気づきを得たりし、それらに基づく質問や意見を述べることにより議論が活性化するのです。逆に、ある学生の意見に誘導されて、議論が特定の方向に収束してしまうおそれもあります。特定の学生ばかりが発言し続ける場合もあるでしょう。調査者がもっと多様な観点で議論してほしいと考えるのであれば、議論の方向性を修正しなければなりません。グループインタビューでは、調査者が議論のまとめを行ったり新たな質問を投げかけたりして、議論の進行をコントロールしていく役目を担います。

(2) インタビューの問いを設計する

　学習成果の把握を目的としてインタビュー調査を行う際、その設問は基本的に、学習成果とその背景に関するものです。学習成果の背景とは、学習意欲や学習行動などを指します。インタビュー調査においては**オープンクエスチョン***で設問を構成する方が多いかもしれません。選択肢が限られる**クローズドクエスチョン***であれば、アンケート調査で尋ねることができるためです。

インタビュー調査には、1つの設問について学生に詳細を尋ねられるという利点があります。この利点を活かせば、学生から学習意欲や学習行動の時系列の変化を把握することが可能です。たとえば在学中の学生に「高等学校のときからこれまで学習意欲はどのように変化しましたか」と尋ねれば、学習意欲を向上あるいは低下させたタイミングやきっかけを把握できます。留学を経験した学生を対象として「留学の前後で学習の意欲や行動、進路の意向はどのように変化しましたか」といった問いを設定すれば、留学が学生に与えた影響に関するデータが得られるでしょう。

(3) インタビュー対象者の選定を工夫する

　アンケート調査に比べると、インタビュー調査の対象にできる学生の人数には限りがあります。どの学生をインタビュー調査の実施対象にするかは、調査目的も考慮しながら慎重な検討が必要です。

　実施対象の学生を選定する際は、学年、性別、入試種別など、学生の属性を考慮するようにします。インタビュー調査を実施するにあたっては、特定の層に対象を絞るかどうかが論点になります。インタビュー調査の目的がカリキュラムの意図通りに学ぶ学生の実態把握であれば、GPA の高い学生や高度な資格を取得している学生など、優秀な学生を対象にする方がよいかもしれません。カリキュラムの課題や学習成果の全体像を把握しようとするのであれば、対象とする学生の属性に多様性をもたせるとよいでしょう。具体的には GPA が1点台から3点台の学生をまんべんなく選定したり、一般入試とそれ以外の入試で入学した学生をバランスよく選定する方法です。学生が所属する学科やコース、ゼミなどを多様に設定するのもよいでしょう。

(4) 複数グループの座談会形式で行う

　グループインタビューで調査を行う際、全員から意見を聞こうとするのであれば1回あたり数人、多くても10人未満を対象とするのが一般的でしょう。しかし、10人以上に対して一度に学生から意見を収集できる方

法もあります（仲道、片岡 2020）。具体的には複数グループによる座談会形式で行う方法です。この形式で行うと、20 〜 30 人程度の学生から同時双方向で意見を収集できます。

　まず、座談会で尋ねる設問を決めましょう。インタビュー同様、所要時間が長すぎるのは好ましくないため、設問は限られたものにします。調査目的により設問は異なってきますが、たとえば表3のようなものが考えられるでしょう。調査の対象者とする学生の選定基準についても、調査目的により異なります。カリキュラムを通した学習成果を把握しようとするのであれば、専攻やコースにできるだけ偏りが出ないように4年生を中心として選出します。多くの学生が出席できるタイミングで実施しようとするのであれば、必修の授業科目がある曜日や学期末で日程を調整するのがよいかもしれません。

　座談会の当日は、はじめに進行役の教職員が座談会の実施目的や意義を学生に伝えます。4年生が対象なら、後輩学生がよりよく学べるようにする目的で行うと伝えてもよいでしょう。その後、設問を記載したワークシートを配付し記入するよう学生へ指示します。ワークシートに記入する分量は、おおむね10分程度で記入できるぐらいが妥当です。学生個人が設問について意見をまとめる時間を確保することで、学生同士の議論が活

表3　座談会の設問例

「あなたが、これまでに受講した○○学科の授業のうち、自分にとって学びにつながったと思う授業科目とその理由を教えてください」
「あなたが、これまでに受講した○○学科の授業のうち、授業方法などを改善してほしいと思う授業科目とその理由を教えてください」
「授業以外の○○学科での取り組みや活動に対して、学びにつながったものとその理由を教えてください」
「あなたの学習意欲を向上させた教職員や他の学生の働きかけにはどのようなものがありましたか」
「○○学科の施設・設備で改善してほしいと思うものとその理由を教えてください」

出所　仲道、片岡（2020）をもとに筆者作成

発になるでしょう。

　学生がワークシートへの記入を終えたら、4、5人程度のグループに学生を分けます。同じ専攻やコースの学生でグループを組むと、専攻やコース内の事情を把握している学生同士で話ができるため、背景の説明などに要する時間の短縮につながるでしょう。グループに分かれたら設問に対する意見を1人ずつ述べていき、それぞれの意見をもとに議論します。議論の時間を20分から30分程度確保しておくと、十分な議論が行われるでしょう。発言が少なくなったグループがあれば、進行役の教職員がどのような議論が行われたかをグループの学生に尋ねるなど、議論のファシリテーションを行います。

　議論が終わったら、各グループの代表者がグループで出た意見の要約を全体に発表します。他の学生の意見で同意できるものや、議論の中で新たに思いついた意見があれば、ワークシートに追記するようにしておくよう学生に伝えましょう。

　最後に、学生が記入したワークシートを回収します。おおむね1時間程度あれば、ワークシートの回収まで完了することができるはずです。回収したワークシートの記述内容から、学生の学習成果や学習行動の実態を把握することができるでしょう。ワークシートの内容はインタビューと同様に、質的に分析を行います。学生の発言をカテゴリ分けし、カテゴリごとにまとめておくのがもっともシンプルな分析方法です。

10 章

成績に関するデータを活用する

1 成績に関するデータの性質を理解する

（1）学習成果の直接評価に関するデータである

　学生が単位を修得するには、筆記テストやレポートなどの**直接評価***で評価を受け、学習成果が一定水準以上であると認められなければなりません。修得単位数や **GPA***は複数の授業科目の学習成果を積み上げたものです。その意味で、成績に関するデータは学習成果と関連の深いデータといえます。

　修得単位数や GPA はいずれも定量的に示されるものであるため、学習成果を可視化するのにもっとも用いられやすいデータです。したがって、修得単位数や GPA により定量的に示される数値は、学習成果を評価するものとして適切なものでなければなりません。仮に、授業科目によって成績のつけ方の厳しさが大きく異なっていれば、グレードポイントの分布もそれぞれの授業科目で大きく異なってしまいます。そうなると、GPA は学習成果を示すデータとして機能せず、教育の**内部質保証***に課題がある状況となります。

　学生が卒業したかどうかというデータも、学習成果の直接評価と関連します。学生が卒業するということは、**ディプロマ・ポリシー***に定めた能力を身につけた証左であるためです。個々の学生が卒業に至るまでの直接評価の結果を経年的にたどることで、十分な学習成果となる学生や、反対に学習につまずく学生の傾向をつかめるかもしれません。

(2) 学習の軌跡を示す

　大学では医歯薬系の一部の分野を除いて、4 年以上在学し 124 単位以上の単位を修得することが**卒業要件**[*]の 1 つとなっています。ただし、すべての学生が 4 年間でちょうど 124 単位を修得して卒業するわけではありません。5 年以上在学する学生もいれば、124 を大きく上回る単位を修得して卒業する学生もいます。

　また、同じ授業科目であれば修得単位数は同じですが、単位修得に至ったときの成績は学生によって異なります。「S」の成績を収めた学生もいれば、単位修得の最低点で「C」の成績を収めた学生もいます。ほとんどの大学では、成績の評語それぞれに、グレードポイントと呼ばれる一定の数値を割り当てます。「S」であれば 4 ポイント、「A」「B」「C」にはそれぞれ 3 ポイント、2 ポイント、1 ポイントを割り当てる場合が多いでしょう。履修あるいは修得した単位のグレードポイントの平均値が、いわゆる GPA です。卒業時の修得単位数や GPA は、個々の学生によってもちろん異なります。

　学生が大学に在学している状態から休学や退学、除籍の状態になることを、学籍異動と呼ぶ場合があります。一般的には、学籍異動が一度も生じないまま卒業に至る学生の方が多いでしょう。一方、卒業に至らず退学または除籍になる学生もいます。学生が退学や休学をする原因の 1 つに、学業への不適応があります。学業への不適応は、成績不振という形で表れます。個々の学生の学年進行に伴う修得単位数や GPA の変化を見ることにより、退学や休学の兆候がわかる場合もあるでしょう。

　以上のことから、成績や学籍異動のデータは学生によって異なっており、学生ごとの学習の軌跡を示すものといえます。

(3) 統計でデータの特徴を捉える

　1 人の学生の成績に関するデータは、どれぐらいの分量なのでしょうか。学生が履修した科目に関するデータには、科目名、科目コード、単位

数が含まれ、さらに履修した学生個人に関するデータが加わります。学生個人に関するデータとは、授業科目を履修した年度あるいは学年、成績の評語や評点などを指します。学生1人が1科目履修する際に取り扱われるデータには、少なくとも以上のようなものが含まれています。

　したがって、大学卒業時に学生が124単位を修得して卒業すると、およそ70〜80科目分の上記データが蓄積されることになります。大規模大学であれば、学生数が1万人を超えることもめずらしくありません。1万人の成績に関するデータであれば、少なく見積もっても70万件以上のデータになると考えられます。大学が取り扱う学習成果のデータは膨大なものであるとわかるでしょう。

　膨大すぎる成績のデータは、そのままではデータの特徴を捉えることはできません。そこで活用できるのが、統計です。統計とは、分析の対象となる数値データのかたまりそのものを指す言葉、あるいは数値データの特性を表現することを指す言葉として用いられます。統計的な分析を施すことによって、大量のデータであってもその特徴を捉えることができるのです。

(4) 大学や学部・学科による違いに留意する

　どの大学あるいは学部・学科でも、成績の基準やGPAの計算方法はおおむね共通しています。成績であれば、多くの大学が60点以上を合格とみなし単位を付与しているでしょう。GPAであれば、評点に応じたグレードポイントを定め、対象となる科目のグレードポイントの平均値を算出します。

　一方で、大学間で異なる部分もあります。たとえば**相対評価***による成績評価の導入について考えてみましょう。「S」や「A」の割合や、それらの割合をどれだけ厳格に適用しなければならないかは、大学によって異なります。さらに、同じ大学であっても学部・学科間で異なる場合もあります。GPAであれば、計算対象に含めない授業科目の設定のしかたや、不可となった科目を計算対象にするかどうかなどで、対応に相違があるで

しょう。

　したがって、学習成果の評価やその結果の分析にあたり他大学の事例を参照する場合は、その大学がどのように学習成果の評価の制度を整え運用しているのかに留意する必要があります。以下では、成績や学籍異動のデータを分析する事例について紹介します。個別大学の事例に関する報告を参照しているため、大学によっては事例と異なる傾向や結果になるかもしれませんが、自大学における学習成果をどのように分析しようかを検討する資料としては参考になるはずです。

2　1年次の学習に関するデータを活用する

(1)　1年次の学習はその後の学習に大きく影響する

　大学には学生が入学直後から学びをスムーズに進めるためのさまざまな工夫があります。総合型選抜などで早期に入学が決定した学生に対する**入学前教育***、入学時に行われる履修ガイダンス、レポートの書き方など大学での学び方や学生生活全般に必要な知識などを学ぶ**初年次教育***といったものは、多くの大学で行われています。1年次の学習を重要と考えている大学が多いといえるでしょう。

　1年次の学習が重要なのは、学生にとって学習につまずきやすい時期と考えられるためです。学生が大学での学び方に適応できているのか、授業科目の選択を正しくできているのか、出席や課題提出に問題はないか、といった学習行動を把握しておくことが大学には求められます。

　また、1年次の学習はその後の学習に大きな影響を与えます。1年次で単位を十分に修得できない学生は、2年次以降に1年次の授業科目を再履修したり、より高度な授業科目の内容を理解できなくなるかもしれないためです。一方で、1年次は学習の改善を図る機会のもっとも多い時期でもあります。1年次の学習に関するデータを大学として収集し、個々の学生あるいは学生総体としての学習に関する課題やその解決を検討すれば、学

生が在学中の学習をスムーズに進められる可能性が高まるでしょう。

(2) 1年次の出席状況に着目する

1年次の授業科目は他の年次と比べて、初年次教育や語学などその後の学習の基礎となるものを多く含む傾向にあります。大学あるいは学部等が特に重要と考える授業科目は必修科目として扱われます。

必修科目は文字通り卒業に必要であるため、学生から重要視されやすいでしょう。それにも関わらず頻繁に欠席したり課題を未提出にしたりする学生がいるとすれば、その学生は学習や学生生活に何かつまずいているのかもしれません。

1年次の出席状況については、まずは必修科目の出席状況を把握するとよいでしょう。必修科目の出席回数が少ない学生は、授業についていけなかったり課題の提出機会を逃したりするリスクも高いため、出席回数の多い学生に比べて低い成績になりがちです。さらに、他の授業科目でも同様の学習行動をしているかもしれません。必修科目に限らず、1年次の出席割合が修得単位数やGPAに影響を与えているという調査結果もあります（駿河台大学IR実施委員会 2018；垂門 2015）。

(3) 入学時点の学力と成績の関連をみる

成績に影響を与える要因として、入学時点の学力も無視することはできません。高等学校までの学習内容と大きく関連する学問分野が大学にもあるためです。たとえば経済学部であれば数学の微分積分をどれだけ学んだかが影響する可能性があります。しかし、経済学部は文系に含まれるため、数学が入試に必須ではない場合もあります。このように学生によって受験科目が異なる場合、受験科目と成績の関連は学習成果を分析する切り口になるでしょう。同様に、一般入試と総合型選抜など、入試種別ごとで成績がどのように異なるか調査することもできます。

入試以外にも入学時点の学力を示す指標はあります。たとえば、高等学校の調査書の評定平均もその1つです。卒業生の進学状況などをもとに高

等学校をランクづけする企業もあります（日下田 2021；山本、塚脇 2018）。入学者の出身高等学校のランクと調査書の評定平均が、入学後の成績にどのような影響を与えるかを分析してもよいでしょう。

（4）1年次の成績の卒業への影響をみる

　1年次の学習成果とその後の学習成果への影響については、GPA の相関を用いて示した報告がいくつかあります。具体的には、1年次の GPA と卒業時の GPA との間に強い相関がみられたという調査結果です（札幌学院大学教学 IR 委員会 2021；東京理科大学総合教育機構教育開発センター 2014；髙橋 2014）。卒業時の GPA には1年次の GPA も含まれるため、必然的に強い相関がみられやすいですが、それを差し引いても相関を見過ごすべきではないでしょう。

　また、1年次の学習成果が学籍異動に影響を与えることを示唆する報告もあります。たとえば、中途退学、休学、除籍となった学生が、**修業年限***の範囲内で卒業した学生よりも1年次前半の GPA が低い傾向を示したというものです（高橋他 2019）。こうした傾向が生じる背景について、同報告では「学生の個人属性における問題や高大接続における問題」などさまざまな要因を考察すべきとしています。当該学生が不本意入学であったかどうか、入学までに履修した科目や入試種別はどのようなものであったか、といったものが挙げられるでしょう。学生に対する入学時のアンケート調査や、入試結果や調査書のような入学前のデータとあわせて分析することにより、卒業あるいは中途退学などに至りやすい学生の傾向をつかめるかもしれません。

3　単位修得率や成績分布のデータを活用する

（1）授業科目の単位修得率に着目する

　学生の間で「あの科目は厳しい」「この科目は楽勝科目だ」という口コ

ミが流れているという話を聞いたことはないでしょうか。厳しいか楽かを学生が判断する主な観点には、出席確認の頻度や課題の分量といったものがあります。そして、単位修得のしやすさも観点の１つです。

　学習成果の評価にあたり、履修者あるいは成績評価の対象者に占める単位修得者の割合を単位修得率として計算することがあります。単位修得率が高い授業科目であれば、当該科目の**到達目標***に到達している学生が多いという全体的な傾向を把握できるでしょう。つまり、単位修得率は学生の学習成果を判断する指標となりうるのです。

　一方で、単位修得率が低ければ、その授業科目の内容の見直しが必要かもしれません。学生の理解度を超えた内容になっていないか、テストやレポートの課題は適切か、そもそも到達目標が高すぎないか、といった見直しの観点があるでしょう。個々の授業科目における成績評価については、基本的に授業科目の担当教員に委ねられています。したがって、単位修得率の低い授業科目の担当教員には、担当する授業科目の学習成果を改善する役割が求められます。単位修得率は改善の必要性を判断する材料となるでしょう。

　開講されている授業科目全体の単位修得率を俯瞰することは、カリキュラムを通した学習成果を把握することにつながります。単位修得率が他に比べて極端に低い授業科目については、その向上を図るべきでしょう。ただし、担当教員だけに学習成果の評価方法や教育内容の是正を求めればよいわけではありません。カリキュラムとして**リメディアル教育***の機会を設けたり、授業外の学習支援に工夫を施したりする方が適切な場合もあるでしょう。

(2) 同一科目名の成績分布を分析する

　初年次教育や語学のように多数の学生が受講する授業科目は、同じ名称で複数のクラスが開講されやすいものです。授業科目名が同じであるときは、**シラバス***の内容もクラス間で統一する傾向にあります。名称が同じであれば、どのクラスで受講しても同じような学習成果になると想定され

るところ、クラスによって学習成果に大きな差が生じる場合があります。

　クラス間での学習成果の差がどの程度あるかを把握するには、成績分布をクラス間で比較します。具体的には、受講者数に対する「S」「A」「B」「C」「D」の割合を算出する方法です。表1の科目GPAとは、受講者のグレードポイントの平均値を意味します。科目GPAを見ると、英語1の4つのクラスで成績分布が異なっています。この場合、当該科目について何らかの教育改善を要する可能性が高いものの、どのクラスに改善を求めるべきか、授業科目全体として対策を講じるべきかの検討については慎重になる必要があります。先に述べたように、担当教員に改善を求めるのが適当な場合もあれば、組織として改善を検討すべき場合もあるからです。

表1　成績分布の示し方の例

科目名	組	S	A	B	C	D	科目GPA
英語1	1	43.5%	34.8%	8.7%	8.7%	4.3%	3.04
英語1	2	12.0%	52.0%	26.0%	0.0%	0.0%	2.76
英語1	3	0.0%	41.4%	37.9%	17.2%	3.4%	2.17
英語1	4	0.0%	12.0%	36.0%	44.0%	4.0%	1.52

(3) 成績分布から成績不振の学生を判断する

　学生間で学習成果がばらつくのは、どの大学あるいは学部・学科でもみられる現象です。ばらついた中でも特に注目すべきなのは、成績不振の学生でしょう。成績不振の学生に対しては、何らかの学習支援を行わないと留年や退学のリスクが高まります。そうしたリスクをもつ学生の把握は、組織的に行わなければなりません。

　学生を成績不振とする判断基準は大学によってさまざまです。たとえば「2学期以上連続でGPAが1.2未満」「年間の修得単位数が20単位未満」「GPA下位10%」といったものが該当します。基準となる数値は大学あるいは学部等によって異なりますが、GPAや修得単位数を基準にするのは

多くの大学で共通しているでしょう。

　なお日本学生支援機構では、学生が継続して給付奨学金の支給を受けるための条件を定めています。たとえば年間の修得単位数が標準単位数の5割以下である場合、給付奨学金の支給は取りやめになります。標準単位数の計算式は「卒業所要単位÷修業年限×支給を受ける学生の在学年数」です。卒業所要単位が124単位で修業年限が4年の学部の2年次に所属する学生の場合、学年末の時点で $124 \div 4 \times 2 = 62$ 単位以上を修得していなければ、給付奨学金が支給されなくなってしまいます。

4　集計したデータを適切に報告する

(1)　報告の基本的な構成を理解する

　成績に関するデータは、集計や分析を行う人だけが確認すればよいものではありません。学内では意思決定を行う管理職をはじめとして、教職員や学生の目にも触れることがあるでしょう。したがって成績に関するデータは、統計的処理に詳しくない人にもわかりやすい形で示されなければなりません。

　報告書にまとめる場合でもウェブページに掲載する場合でも、内容の要約は冒頭に配置するとよいでしょう。要約に含める内容には、以前と比較して大きな変化があった部分や今回新しく収集したデータなどが含まれます。要約というからには、分量は可能な限り絞るべきです。報告書であれば、A4用紙で1〜2枚以内が望ましい分量です。

(2)　わかりやすい形で報告する

　報告を行う際には、論理のわかりやすさに留意すべきです。報告するデータや説明の順序を配慮します。はじめに結論を短く述べ、その根拠となるデータや説明を示すのが、もっともシンプルな構成です。文章で述べる際には一文一義、プレゼンテーション資料の場合はワンスライドワン

メッセージといったものも、シンプルな構成にするためのポイントです。

　口頭で報告する際には、プレゼンテーションでよく用いられる PREP 法を活用することもできるでしょう。PREP とは Point（結論）、Reason（理由）、Example（具体例）、Point（結論）といったプレゼンテーションの手順を指します。Example の部分に具体的なデータを含めるとよいでしょう。

(3) 見やすいレイアウトにする

　報告のわかりやすさは、論理の面だけでなく見た目の面からも影響を受けます。文章であればまず、一文の長さが過度なものにならないようにすべきでしょう。一文が 100 字を超えるようであれば、文章を区切る箇所がないか検討してみます。段落の長さも文章のわかりやすさに影響します。たとえば、1 ページで段落の区切りが 1 つもないのは適切とはいえません。章、節、項に分けてそれぞれに見出しをつけるのも、わかりやすくするコツです。ただし見出しが長すぎるものになってしまうと逆にわかりにくくなるので、おおむね 20 字以内にしておく方がよいでしょう。

　図表のレイアウトにも注意しなければなりません。特にグラフを用いる際には、白黒印刷された場合でも見分けがつくように工夫するのが理想です。カラー印刷であれば色の違いで見分けがつくグラフであっても、白黒印刷だとそれぞれの結果の判別が難しいかもしれません。白黒印刷でも判別できるように、棒グラフであれば棒に網掛けをしたり折れ線グラフであれば実線と点線を使い分けたりするなどの工夫が必要です。

11章

評価結果を学生にフィードバックする

1 フィードバックの方針を理解する

(1) 評価を学生の学習につなげる

　授業科目やカリキュラムにおける学習成果の評価は、学生の学習に寄与することを目指さなければなりません。学生の学習に寄与しなければ、評価される学生も評価を実施する教職員も徒労を感じるだけになってしまいます。学生が学習に取り組み、結果としてカリキュラムに定めた学習目標を達成することが重要です。

　評価を学生の学習に結びつける基本的な方法は**フィードバック***です。フィードバックとは一般に、評価により明らかになった課題を相手に伝え、今後の方針を立てることを意味します。フィードバックを適切に行うためには、学生にどのようにして評価結果を伝え、それをもとに今後の学習をどのように改善していくのか、さらにいかにして学生をカリキュラムの学習目標の達成に近づけるのかの筋道を具体的に描くようにします。必要に応じてガイダンスや学習支援などの仕組み、体制を活用することも選択肢になります。

(2) フィードバックの意義を理解する

　学生に対するフィードバックにはいくつかの意義があります。まず大事なのは学習意欲の向上につながるという点です。フィードバックによって学生は自分のできているところ、できていないところを明確に認識できます。できているところを知ることで自分の強みを自覚したり、自信をもったりすることにつながります。その後の学習に積極的に取り組めるように

なることも期待できるでしょう。

　学生が自分の学習の実態について客観的に把握できることもフィードバックの意義です。自分の学習の問題点を自分だけで正確に把握するのは難しいものです。評価に基づいた他者からのフィードバックがあることによって学習状況の把握が容易になるでしょう。さらに、客観的なフィードバックは具体的な学習の方針を立てるのにも役立ちます。理解が及んでいないところなど内容面の課題や、継続的に学習時間を確保できていないといった学習習慣の課題などが明らかになることで、改善をどのように進めるべきか明確になります。

(3) カリキュラム単位のフィードバックとは

　学生に対するフィードバックの代表例に、個別授業におけるテストやレポートの返却が挙げられます。点数や評語、あるいは教員からのコメントなどを用いて、学生にできているところ、できていないところを伝えます。授業中の学生の意見や発言などに対する教員の反応も、フィードバックとして機能することがあるでしょう。個別授業の中にはさまざまなフィードバックの機会があります。

　カリキュラムを通した学習成果の評価に対するフィードバックも、近年行われるようになっています。**ディプロマ・ポリシー***に定めた学習目標をどの程度達成したかを把握し、その結果を伝える取り組みです。

　カリキュラム単位で行うフィードバックにはいくつか個別授業と異なる点があります。まずは、個別の授業科目に紐づかないため誰がフィードバックを行うのかを組織として定める必要があります。また長い期間にわたる学習に対して行うのも授業科目のフィードバックとの違いです。さらにフィードバックをいつ行うのかについても検討が必要です。

　カリキュラム単位でのフィードバックを実施するには設計が大切です。入学から卒業までの学生の学習の中で、何のためにフィードバックを行うのか、フィードバックが効果的なのはどの時期か、それぞれの時期で特に重視すべきフィードバックの内容は何かなどを検討します。カリキュラム

単位のフィードバックは個別授業と別に実施することもあるため、教職員の業務負担も考慮すべきかもしれません。

(4) フィードバックの内容に留意する

カリキュラム単位のフィードバックにおいて何を伝えるべきかも論点となります。ここでは量的なフィードバックと質的なフィードバックに大別してみます。

量的なフィードバックの代表として成績通知が挙げられます。各授業科目の成績評価の結果からは、自分がその学期でどの程度学習を進めることができたかを知ることができます。さらに修得単位数やGPA*といった数値からは学期単位、年度単位の自身の学習の進捗を把握することができます。ただし、量的なフィードバックはそれ自体客観的な内容である一方で、その数値だけでは判断しかねることがあります。基準、集団の中の平均、求められる水準となる数値を合わせて示すなどの工夫が求められることがあります。

また質的なフィードバックも大切です。カリキュラム単位では主体性や倫理観など量的なフィードバックにそぐわない能力についてもフィードバックをする必要があります。面談や書面で学生の学習についてコメントを行うことも重要です。研究室やゼミの所属学生に対してであれば、日常的な学習について詳細なフィードバックを与えることもできるでしょう。一方で、入学したての学生やあまり接点のない学生の場合は、相手の経験や考えを引き出しながら対話的にフィードバックを進めるのがよいでしょう。

いずれのフィードバックにおいても学習意欲を高めることを念頭に行います。まずはできていることとできていないことをバランスよく伝えることを意識します。肯定的な内容で否定的な内容をはさむという**フィードバック・サンドイッチ***のような伝え方が効果的です。また、未来志向で進めるようにします。過去の失敗を分析することは大切ですが、あくまで「次は〜しよう」と学生を前向きにする働きかけを意識しましょう。

2 さまざまな方法でフィードバックを行う

(1) 成績通知を活用する

　成績通知は学期や年度単位での学習のフィードバックの主要な方法となります。成績通知には、その学期に履修した各授業科目の合否、評定、修得単位数、GPA などがまとめられています。その情報を示すだけでもフィードバックにはなりますが、示し方の工夫を行うことで学生の学習を促しやすくなるでしょう。

　たとえば、学習の進捗を可視化することができるでしょう。当該学期の修得単位数だけでなく、科目群ごとに**卒業要件***を満たすまであと何単位修得すればよいかを示している大学があります。また、GPA や修得単位数について過去の学期からの推移を示すことも行われています。各授業での欠席時間数など履修状況に関する情報を示すところもみられます。可視化の方法も数字を並べた表だけでなく、グラフとして示すことで直感的に理解を促すことができます。

　学生が自分の成績についてより正確に把握するために、さまざまな情報を提供するのが望ましいでしょう。たとえば GPA や成績によってゼミへの配属、奨学金の採否、特別プログラムへの参加などが判定される場合は、目安となる基準を事前に示すとよいでしょう。また、これまでの学生のデータを踏まえ、優秀な学生の数値、早急に学習の立て直しが必要な学生の数値が把握できている場合は、そうした数値も示すようにします。たとえば、成績照会のシステム上で、当該学生の GPA がどの程度の水準にあるのかをわかりやすく示している大学があります[9]。システムをもっていなくても成績通知を行う際に、口頭で「この時点での累積 GPA が 1.0 を下回っている場合は 4 年での卒業が難しいことがあります」と伝えることもできるでしょう。

（2）レーダーチャートを活用する

　レーダーチャートによってフィードバックを行う取り組みもみられます。レーダーチャートを用いると、ディプロマ・ポリシーの学習目標の中で自身の強みと弱みが明確になります。全体の平均や自身の過去からの推移を示すこともできます。在学中に作成されたレーダーチャートを**ディプロマ・サプリメント***の一部として記載することもできます。

　レーダーチャートを作成するうえで中心的な素材となるのが授業科目の学習に関するデータでしょう。各授業科目の評定や評点といった成績データの他、修得単位数、出欠状況も用いることができます。カリキュラムにおける重要度によってそれぞれのデータに対し重みづけを行う大学もあります（松下 2022）。

　教員による評価をもとにレーダーチャートを作成することもできるでしょう。この場合はゼミ、研究室の指導教員など当該学生の学習を身近に

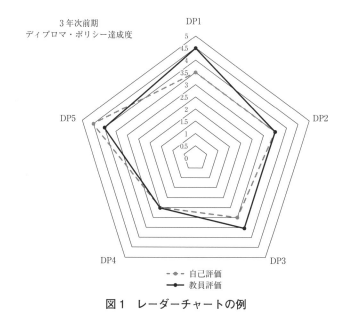

図1　レーダーチャートの例

観察できている教員が行います。客観性を担保するために、成績などの各種データによる基準などを定めておくことが必要です。

　外部試験の結果を取り入れることもあります。民間の英語試験の点数や**アセスメントテスト***の結果など、所属する学生が共通して受験している試験などがあれば、その結果をレーダーチャートに含めることができます。

　また、学生の**自己評価***から作成するレーダーチャートもあります。アンケートなどで「○○の能力が身についたと思いますか」といった設問への回答をレーダーチャートとして図示する方法です。必ずしも実際の能力を反映しているとは限りませんが、定期的に行うことで学生が自身の変化を把握するはずです。

(3) カリキュラム・ルーブリックを活用する

　カリキュラムに定めた学習目標の達成への水準を示すために、カリキュラム・ルーブリックを活用する大学があります。カリキュラム・ルーブリックでは学習目標の達成までにいくつかの段階を設け、それぞれの段階において何ができていれば、当該目標の達成に近づいているかが具体的に説明されています。詳細に説明が行われているカリキュラム・ルーブリックは、それ自体が学習目標の理解を助ける道具となり、フィードバックに活用することもできます。

　ルーブリック*は一般に質的なフィードバックを効率的に進めることを容易にします。多くの学生に対し、個別に学習の進め方についてコメントや助言ができれば理想的ですが、さまざまな制約で難しいことも多いでしょう。カリキュラム・ルーブリックがあれば、当該学生がそれぞれの学習目標に対し、どの段階に位置しているのかが明確になります。ルーブリックの記述が充実していれば、学生は自分だけでより具体的に自身の現状を把握できるでしょう。

　カリキュラム・ルーブリックを使った学生の自己評価をもとにフィードバックを行う方法もあります。成績通知や履修登録時に時間をとって自己

評価を行う大学があります。自己評価の結果を担当する教職員が確認し、「なぜそのような評価になったのか」「高い評価に結びついた授業科目や経験は何か」を問いながら、学習の振り返りや今後の指針を立てることができるでしょう。

(4) 外部試験を活用する

カリキュラムにおける学習成果を評価するうえで、さまざまな外部試験が活用されることがあります。**汎用的技能***を測定するためのアセスメントテストや語学の民間試験、あるいは国家試験対策用の模擬試験といったものです。これらの試験を活用したフィードバックも検討できるでしょう。

外部試験を活用したフィードバックの主たる利点は、同じ試験を受けた全国の学生のデータなどによって、大学を超えた比較が可能になることです。外部試験で明らかになった強みは、就職活動などで学生が自らのアピールポイントとすることもできるでしょう。

それぞれの外部試験で発行される個人の結果報告を返却するのもフィードバックになる一方で、中にはそうしたレポートに関心をもたない学生も存在します。単位に関わらない場合などはそうした学生がいっそう多くなるかもしれません。ただ返却するだけでなく、結果の見方を伝えるなどの配慮が必要です。成績通知の配付時に外部試験の結果も返却し、両方について説明をする時間をもってもよいでしょう。さらに就職活動での活用など、外部試験を受ける利点を明確に示すのも、その後の外部試験への取り組みを促す点でも有効です。特定の能力について結果がよくなかった学生に返却を行う際には、自大学の授業科目や学習支援で当該能力の向上につながりそうなものを紹介するなど、具体的な改善の方策を提案するとよいでしょう。

外部試験はあくまで学外で作成された試験であるため、自大学のカリキュラムとの関係に留意します。全国の結果に対し、自大学の結果がよくない状況であれば、カリキュラムや学習支援の課題を検討すべきかもしれ

ません。外部試験の結果を学生にフィードバックする前に、自大学の結果を教職員間で確認するようにしましょう。

3　フィードバックの機会を設ける

(1)　個人面談を実施する

　個別に詳細なフィードバックを与える主要な機会として、個別面談が挙げられます。近年では**クラス担任制度***などを活用し、学生に定期的な面談を実施する大学も増えています。単位修得やGPAの数値に問題があると判断される学生に対して、クラス担任、教務部門の職員、学習支援担当者などが面談を行う場合もあるでしょう。

　面談の場を活用するためには一方向的ではなく、対話的に進めます。自身の学習への自己評価や振り返りについて学生が言語化をしながら進めることに意義があります。また、フィードバックはあくまで今後の学習の指針を立てていくものなので、過去の失敗やできなかったことを詰問することは控えましょう。なぜうまくいかなかったのかを冷静に振り返り、次はどうすれば改善できるかを具体的に考える場とします。

　効果的な面談のためには根拠情報をもっておくことが大切です。たとえば、成績データ、カリキュラム・ルーブリック、レーダーチャートなどを活用しながら進めていくのがよいでしょう。他にもカリキュラムにおける重要科目の学習成果や**正課外活動***の記録などが参照できます。クラス担任など面談を行う教員が、**LMS***などを通じて学生の学習に関するデータにアクセスできるようにしている大学もあります。また、面談の前に学習の実態や学生の自己評価などに関する事前アンケートを行うのもよいでしょう。

　面談を始めるにあたって、不安をもつ教職員は少なくないでしょう。面談を担当する可能性のある教職員対象の研修を実施したり、面談実施のためのマニュアルを作成したりすることなど、効果的な面談実施のための能

力開発を実施しましょう。たとえば表1のような面談の基本的な進め方を学部等で示すのもよいでしょう。1回の面談時間の上限を定めたり、比較的時間のとりやすい時期に面談を実施すると、教職員の負担が軽くなります。

表1　面談の進め方の例

1. 面談の開始
2. 課題の特定
3. 課題解決方法の明確化
4. 行動計画の策定
5. 面談の振り返り

出所　清水、中井編（2022）

(2) 学習を振り返る行事を実施する

　学期末や年度末にそれまでの学習全体を振り返る行事も、フィードバックの機会となります。成績通知書の配付や履修ガイダンスの日程に合わせてフィードバックを行うと、学生の参加を促すことができるでしょう。必修の授業科目の一部にこうした活動を位置づけることもできます。リフレクション・デイという行事を半期ごとに設けている大学もあります（大学コンソーシアム京都 2022）。また、学生モニター会議と称される、学生から授業改善のための意見をヒアリングするグループインタビューも、質問内容によっては学習を振り返る行事に位置づけられるでしょう。

　フィードバックを集団に対して行うと、情報提供の効率が高まります。多くの学生に共通する内容であれば、まとめてフィードバックしてもよいでしょう。また、すぐれた学習成果については学生全体に対して紹介します。紹介された学習成果は、他の学生にとって学習をどのように進めていけばよいかを示すモデルになります。紹介された学生自身が意欲を高めることにもなるはずです。

集団へのフィードバックの場合は授業のように事前に設計をして臨むようにします。設計に際しては学生の学年、学部等の所属といった学生の状況をまず確認します。さらにフィードバックの目的を改めて明確にします。また、一方的な情報提供だけでなく、学生の活動を適宜取り入れるのもよいでしょう。その学期の学習について、個人で振り返る時間やグループで話し合う時間をもちます。学生の活動を取り入れる場合には可動式の机やいす、小型ホワイトボードなどの設備を活用できるとよいでしょう。

(3) 多様な学生に配慮する

大学が多様な学生に配慮することは、さまざまな場面で求められています。学習に対するフィードバックも例外ではありません。自大学にどのような学生が存在しているのか、その学生の学習にとって適切なフィードバックのあり方はどのようなものかを常に考えるようにしましょう。

他部署と連携したフィードバックが必要な場面もあるはずです。たとえば、留学生をはじめとした外国人学生や、障害のある学生に対するフィードバックは、必要に応じて学内の専門家あるいは専門部署と連携することもあるでしょう。定期的に状況を確認する体制を整え、成績や出欠状況に不安のある場合はその原因について検討するべきです。留学生であれば、休学や退学はそのまま在留資格を失うことにつながるため、早期の対応が必要でしょう。

アスリート学生についても考慮しなければなりません。アスリート学生支援の体制を有している大学もあります。学生が学業とスポーツの両立を図れるように支援人員を配置したり、特別プログラムを設定したりしています。こうした支援の一環としてフィードバックの制度を定めている大学もあります。履修や成績状況を顧問の教職員とともに確認し、必要に応じた支援を提供するほか、部活動と学業の双方にすぐれた学生を顕彰する大学もあります[10]。そのようなプログラムがない大学も、正課外活動などに熱心な学生に対しては、学習状況を把握し支援することが求められます。

成績不振の学生への支援の過程で、医師やカウンセラーなど専門家の支

援を要する場合があるかもしれません。ただ、いきなり専門家との面談を進めてしまうと、学生は当惑してしまうでしょう。専門家の支援が必要な理由を学生に伝え、専門家に頼るのは特別なことではないという説明をするべきです。専門家への適切な仲介の技術は**リフェラル・スキル***と呼ばれます。

4　フィードバックの体制を整備する

(1)　フィードバックに有益な情報を提供する

　学生へのフィードバックの質を高めていくために、実施する教職員個人だけでなく、組織としてできることもあります。まず基本となるのは、フィードバックに資する情報の提供でしょう。

　たとえば、フィードバックの内容を整理して共有することができます。個人差があるとはいえ、フィードバックの内容にはおおよそ共通したものがあるはずです。「学習の習慣化をするためにどうすればよいか」「ある特定の科目の学習を進めるにはどうするか」「レポートを適切に書くにはどうすればよいか」など共通の課題がいくつか見つかるでしょう。こうした共通の内容について、授業担当者や学習支援担当者が必要な情報をまとめた資料を作成すると効率化を図ることができます。

　成績をはじめとした学生全体の動向についても教職員に情報提供できるとよいでしょう。こうした情報を含めて学生にフィードバックすると、学生が自分の位置を知る目安になります。図書館の貸し出し冊数、学習支援の利用状況、授業時間外学習をはじめとした時間の使い方など、学生調査を通じて把握できているデータが情報提供の対象となるでしょう。

　情報提供には研修など対面の場面だけでなく、ポスターやパンフレットも使うことが有効でしょう。ただし、フィードバックにおいて重要度が高いと考える情報については、担当する教職員にもれなく伝わるようにします。担当者宛てのメールにポスターなどのファイルやウェブページへのリ

ンクを添付しておくなど、アクセスしやすくするとよいかもしれません。

(2) 成績不振の学生情報を共有する

　成績不振の学生について定期的に情報共有を行うことも重要です。修得単位数やGPAといった成績、授業への出席情報などを点検して、状況が芳しくない学生をある時点で確認するようにしましょう。こうした学生を放置してしまえば、中途退学に至る可能性も高いことから、早期の対策が望まれます。

　ゼミや研究室の指導教員が定まっている場合は、その教員と学生情報を共有し、対策を講じます。ゼミや研究室に配属される前であればクラス担任がその役割を担います。もちろん、教務部門の職員、学習支援のスタッフの関与もあるでしょう。**教授会***や教学関連の会議体で、成績不振の学生の情報について報告が行われる大学もあります。学生本人にどのような手段で、どの程度の頻度で連絡を取るのか、実際の学習状況のヒアリングや学習の計画に誰が支援を行うのかなどを検討します。必ずしも指導教員やクラス担任が適任とは限らないため、複数の選択肢がとれるとよいかもしれません。また、親や身元保証人への連絡や状況確認の方法についても方針を定めておくようにしましょう。

　共有を行う際には、**個人情報***の取扱いには留意しなければなりません。関連する資料やデータを関係者以外に見られないようにするなど、不用意に多くの人の目に触れない配慮が求められます。一方でカウンセラーなど専門家の支援を要する場面もあります。個人情報の守秘と支援のための共有を適切に両立するために、明確なルールを定めるようにしましょう。たとえば、情報を共有すべき関係者の範囲、学生本人への説明などの方法や手順、情報の具体的な管理のあり方などです。立場や職種などによって守秘に関する考え方が異なることがあります。そうした関係者の考え方の違いに注意しながらルールを定めるようにします。

(3) 学習支援の体制を見直し改善する

　フィードバックを与える以上、その内容を学生が実行できるような環境整備が大学には求められます。大学はさまざまな学習支援を提供していますが、十分にそれが学生に周知されていない可能性もあります。あるいは教員も存在を知らず、フィードバック時に学習支援に関する情報が提供されていないかもしれません。

　このような場合は、学習支援について情報発信のあり方を見直すべきでしょう。これまでにない場所に掲示物を貼ったり、学生に見てもらいやすいSNSを活用するとよいでしょう。**初年次教育***の授業科目と連携して、図書館や専門組織などで行われている学習支援の活用を課題の1つとする工夫も行われています。

　提供している学習支援が学生のニーズに対応しきれていないことも考えられます。ニーズとの対応を検証するには、個別の授業科目の担当者に加え、フィードバックを実施している教職員に対するアンケート調査やインタビュー調査により収集した意見を参考にします。また、学生へのフィードバックでどのような内容が扱われたのかを、面談記録などから分析し、現行の学習支援を点検します。そこで不足している内容があると判断されれば、その不足を補うような働きかけが求められるでしょう。

(4) 個別授業のフィードバックを制度化する

　近年、カリキュラム単位のフィードバックはさまざまな方法で試みられています。しかし、学生の具体的な学習改善のためには個別授業におけるフィードバックが重要なのは今後も変わらないでしょう。試験の結果やレポートへのコメントは、学生が自分の学習をどのように改善すべきかをわかりやすく示す情報となるため、個別授業におけるフィードバックはできる限り実施しましょう。

　個別授業のフィードバックを何らかの方法で制度化することも行われるようになっています。たとえば、学期末にフィードバック期間を設けるよ

うな試みです。授業として試験やレポートを返却したり、質問対応のためのオフィスアワー*を特別に設定したりします。試験の講評をメールなどで配信することをルールとしている大学もあります。方法によっては教員の負担が大きくなることも予想されるので、スケジュール調整や求められる労力が可能な範囲での制度化が検討できるとよいかもしれません。

12章

評価を教育改善につなげる

1　評価と改善の関係を理解する

（1）評価を教育改善に活用する

　学生の学習成果に関わる評価は、教育改善に活用することができます。評価結果には、学生が大学の学習目標をどの程度達成しているのかが反映されています。学生の学習成果が十分な水準に達しなかった場合、カリキュラムや授業の内容や方法に課題があったのかもしれません。評価結果を活用することで、カリキュラムや授業の課題が明らかになり、教育改善へとつながっていくのです。

　評価結果を改善に反映する考え方は、教育の**内部質保証***や**教学マネジメント***という用語とともに、政策においても推進されています。カリキュラムの編成において計画を立案し、実際の授業や学習支援によって計画を実施に移し、実施した教育の検証を行い、検証の結果を受けて改善を行っていくという一連のサイクルに位置づけられます。また、評価結果に基づく改善策の立案は、国が推進する EBPM（証拠に基づく政策立案）にも対応する活動といえます（文部科学省 2019）。

（2）評価に基づく改善の意義を理解する

　教育改善を検討する場において、学生の学習成果の評価結果などのデータを用いずに検討すると、教職員の思い込みや誤解によって改善案が出されるかもしれません。声の大きな教員や高い役職にある教員の思い込みや誤解によって改善案が決定することもあるでしょう。データを活用することによって、そのような事態を防ぐことができます。

評価結果などのデータを活用した改善には2つの意義があります（中井他編 2013）。1つは、適切な改善策の策定です。データを活用すると、正しく現状を把握することができます。正しい現状把握のうえで改善に向けて適切な判断ができるのです。もう1つは、合意形成に役立つことです。大学の中で改善方針を策定する際には、関係者の合意形成が不可欠です。合意形成の際に、データに基づく改善方針は、関係者に対する説得力を増し、改善に向けての合意を得やすくなります。

（3）評価と改善の関係は単純ではない

　学習成果などの評価と改善の関係は単純ではありません。もちろん、カリキュラムの改善を目的とした評価もあります。たとえば、2年後の新しいカリキュラムの導入に向けて、学生の卒業時に学習成果やカリキュラムの課題を明らかにする調査を行うことがあります。そのような場合には、改善に資する評価を設計することが前提になります。

　しかし、多くの場合において評価結果が必ずしも改善に直結するわけではありません。なぜなら、評価結果はあくまで現状を示すもので、それが価値を伴う具体的な提案に直接はつながらないからです。このことは、「である」から「べき」は導き出せないというヒュームの法則としても知られています。

　たとえば、全国平均と比較して卒業時の学生の論理的思考力が高いがコミュニケーション力が低いという結果が明らかになった場合で考えてみましょう。そのような結果に対して、全国平均より低いコミュニケーション力の強化に向けて改善したいと考える教職員もいれば、強みとなっている論理的思考力のさらなる強化に向けて改善したいと考える教職員もいるでしょう。どちらもデータに基づく改善案であり、一方が正しくて一方が間違っているというものではありません。評価結果をもとに、価値を伴う判断を行っているからです。このように、評価結果が単純に1つの具体的な改善につながるわけではないということを理解しておきましょう。

　また、活用と改善を区別することも重要です。評価結果が活用されて

も、改善につながらない場合も少なくありません。「昨年度の学習成果の結果と比べて大きな違いが見当たらないので、すぐに何らかの対応をする必要はありません」といった会議での結論はよくみられます。特に卒業時のアンケートなどの定型化された調査は、健康診断のような役割を果たしており、特別な課題が見当たらない限りは対応しないという意思決定もありえます。

　さらに、教育を改善する契機となるのは、大学が実施する評価の結果だけではありません。関連法令の改正に対応して改善する、学生の就職先のニーズの変化に対応して改善する、デジタル技術の発展に対応して改善する、学部などの新設や改編に対応して改善するなど、その事例はさまざまです。しかし、いずれの場合であっても、大学が実施する評価の結果は、よりよい改善を検討する際に役立つ資料となるでしょう。

2　教育改善につながる情報を理解する

(1)　変化には抵抗がある

　教育改善を進めるには、これまで行ってきた教職員の方法や制度を変化させることが求められます。しかし、個人にとっても組織にとっても変化に対しては一般的に抵抗感があることも指摘されています（ロビンス2009）。個々の教員はこれまで行ってきた教育の内容や方法を変えることに心理的な抵抗をもつものです。また、カリキュラムや制度の変更は、構成員間の力関係を変える可能性をもったり、変更に反対する教職員への対応が必要になったりします。これまでのやり方を保持しようとする傾向がどの組織にもあるといえるでしょう。そのため、課題や改善点に気づかないふりをしたまま報告してしまったり、改善に対して反対意見を述べたりする行動につながることもあるでしょう。

　教職員に評価結果を伝える場合は、多くの教職員が変化に対して抵抗をもっていることを踏まえて、教育改善につながるように情報提供する工夫

が求められます。

(2) 情報のニーズを把握する

　教育改善に活用されるためには、どのような情報が求められているのか
を理解しておく必要があります。多くの大学の中期計画において、中期計
画の進捗状況を把握する指標が設定されています。また、**アセスメントプ
ラン***や教育の質保証の方針などにおいて、収集する指標が明確にされて
いることも多いでしょう。国立大学を対象とした成果を中心とする実績状
況に基づく配分や私立大学等改革総合支援事業といった資源配分で使用さ
れる指標、さらに各種大学ランキングで使用される指標などは大学での関
心は高いといえるでしょう。このような公開されている資料から情報の
ニーズを把握することができるでしょう。

　また、情報のニーズは、学内のさまざまなコミュニケーションの中から
も把握することができます。教員が授業においてどのような点で困ってい
るのか、カリキュラム編成の担当者がカリキュラムについてどのような点
を課題と考えているのかなどがわかれば、提供すべき情報も明確になるで
しょう。

(3) 意味のある情報に変換する

　単に評価結果を提示するだけでは、教育改善につながらないため、教職
員にとって意味のある情報に変換することが重要です（中井他編 2013）。
多くの評価結果は、ある事実を表した無機質なものにすぎません。たとえ
ば、「学生の一日の授業時間外の学習が平均2時間であった」という評価
結果を提示しても、その情報を提供された教職員は、それが高い数値なの
か、それとも低い数値なのか判断しづらいでしょう。なぜなら、判断する
基準が提示されていないからです。このような場合、**大学設置基準***で示
されている単位あたりの学習時間と比較して適切かどうか、過去と比較し
てどのように変化しているのか、他大学と比較してどのような違いがある
のかなどの情報が補足されると、教職員にとってより意味のある情報とな

り、会議などでの議論も充実したものになるでしょう。

表 1　意味ある情報につながる基準の例

過去との比較
集団間のデータの比較
学部別、学年別、入試形態別
他集団のデータとの比較
全国平均との比較、他大学との比較
法規や外部機関が定めている基準との比較
大学自身が設定する目標値との比較

（4）学習成果を高める要因を特定する

　授業の終了時や卒業時の学習成果の情報だけでは教育改善に十分につなげていくことはできません。教員や大学のどのような働きかけによって学習成果が高まるのかはわからないからです。たとえば、「オンデマンド授業で学習成果を高めた授業もあれば、学習成果を高められなかった授業があった」という報告にとどめるのではなく、「オンデマンド授業で教員からの**フィードバック***が多かった授業が学習成果を高めるという傾向があった」といったように学習成果を高める要因を共有するとよいでしょう。個々の教員にとって具体的な授業改善の方向性が伝わり、大学全体の授業方針の策定へとつながっていくからです。

　学習成果を高める情報を提供するためには、学習成果の評価方法を工夫しておくことが重要です。授業の終了時や卒業時の学習成果に対して、学習成果を高めた要因を特定できるように設計しておきましょう。その際には、基本となる **IEO モデル***を念頭に置きます（Astin 1993b）。つまり、学習成果だけに着目するのではなく、入学時の学力や属性などの既得情報や、履修科目や**正課外活動***といった在学中の経験を把握することで、学習成果の向上に何が寄与しているのかが明確になるでしょう。

(5) 情報提供の方法を工夫する

評価を改善につなげるには、教職員がどのように情報を受け止めるのかという点にも配慮が必要です。そのため、現状のままでよいと考える情報だけでなく、現状のままではよくないと考えるような評価結果を共有するとよいでしょう。中途退学率が増加している、資格取得する学生の割合が低下している、学生の就職先からの評価が下がっている、公開している数値目標を達成していないなどの情報は、教職員に対して改善しなくてはならないという意識を高めるでしょう。

情報提供の内容には、現状を高く評価する肯定的なものと改善に向けて検討すべき否定的なものがあります。肯定的な内容のみを伝えても、教育改善にはつながりません。一方で、否定的な内容ばかりでは、改善への意欲を低下させるおそれがあります。したがって、改善に向かうように肯定的な内容と否定的な内容のバランスをとるように心がけましょう。

3　授業改善を支援する

(1) 授業改善の特徴を理解する

評価を授業改善につなげるためには、まずは授業改善の特徴を理解しておく必要があります。授業改善には大きく2つの形があります（中井、服部編 2018）。

1つは、教育や学習に関する理論や効果的な教育方法に基づいて授業を改善していくものです。研修などで新しい授業方法を学んで、自分の授業に取り入れていく方法が該当するでしょう。もう1つは、自分自身の授業を振り返ることで授業を改善していくものです。たとえば、学生の筆記テストの結果がよくなかったため、次回の授業で学習の方法を変えてみようとする場合などが、これにあたります。

(2) 改善につながる情報を提供する

　教員の授業改善につながる情報は、授業改善の形を踏まえると2つに分類することができます。1つは、効果的な教育の方法についての情報です。たとえば、効果のある教育方法などを評価結果から把握できれば、広く授業担当者に共有すべきでしょう[11]。具体的な実践事例を紹介することによって、授業改善の方向性についての理解も進むでしょう。

　もう1つは、授業の振り返りにつながる情報を提供することです。担当する授業の何がよくて何が改善点なのかがわかるような情報を共有しましょう。学生の授業アンケートの結果や卒業時のアンケート調査の結果が、授業の振り返りに役立つはずです。改善案を明確に示す場合もあるため、学生の自由記述も見落とさないようにしましょう。

　改善につながる情報を、どの時期に教員に提供するかも大切です。授業終了後にあまり時間を空けずに提供したり、**シラバス**＊や授業準備を行う時期に提供したりすると効果は高いでしょう。

(3) 改善案の報告を求める

　授業を振り返り、授業改善案の報告をその授業を担当する教員に求めるという方法もあります。報告の機会があることで、授業アンケートの結果や成績の分布などについて考えるようになり、授業の振り返りや改善案が深まることを期待できるでしょう。

　学生の授業アンケートの結果に基づき、教員に授業の振り返りと改善案の報告を求める大学もあります。その中には評価結果に対する教員のコメントを学生が閲覧できる大学もあります[12]。また、1年間の教育活動の成果を踏まえて所属長との面談を課す大学もあります。さらに、授業改善についてのポスター発表の機会を設けたり、授業の成果や改善に向けた取り組みを論文としてまとめることを推奨したりするのもよいでしょう。

(4) FD の機会を提供する

　教員の教育改善を支援するために、**FD***の機会を提供しましょう。大学設置基準によって、大学において FD が義務化されています。FD の代表的な方法は研修です。教員が必要とする教育方法を学習できるような研修を提供しましょう。FD のテーマは評価結果に基づいて設定することもできるでしょう。講義型の研修もありますが、ワークショップ形式にして学生の視点で教育方法を体験したり、教職員の意見を交換したりする方法もあります。

　教員が自らの授業実践を振り返ることのできる研修も効果的です。たとえば、ティーチングポートフォリオ作成の研修は、ティーチングポートフォリオの作成の過程において、教員が自分の教育実践を振り返り、自分の教育観を明確にして今後の教育を展望することが期待できます。

　また、研修以外にも FD にはさまざまな方法があります。教員相互による授業参観を実施したり、個別コンサルティングを受けることができる大学もあります（佐藤他編 2016）。

　自大学の中で教育改善を支援する機会が限られていたとしても、多くの教育機関や団体が研修の機会を提供しています。学外の研修の機会は教育能力の改善に単に資するだけでなく、新たなネットワークを築くきっかけになることも期待できます。研修の中にはオンラインで参加できるものもあるため、そのような研修の機会を教員に提供できるとよいでしょう。

4　カリキュラムや制度を改善する

(1) 改善の計画を明示する

　評価結果をカリキュラムや制度の改善につなげるにはどのような方法があるでしょうか。まずは、評価結果の活用方法を組織内で定めておくことが望ましいでしょう。多くの大学では、アセスメントプランや内部質保証

に向けた方針が定められています。そのような方針の中には、いつ何を評価するかだけでなく、評価結果をどのように活用するのかを示す大学も少なくありません[3]。評価結果をカリキュラムや制度の改善にどのように活用するのかを明確化し共有しましょう。

(2) 中長期的な視野で改善を進める

カリキュラムや制度の改善は、中長期的な視野の計画が望ましいでしょう。なぜなら、カリキュラムや制度は頻繁に大きく変更されるものではないからです。特にカリキュラムの学習目標は短期的に変えるべきではありません。そもそも学習目標が適切かどうかは、その学習目標のもとで入学した学生が卒業したときにようやく評価できるものです。また、カリキュラムが頻繁に変わると、学生が履修する際にも混乱を伴い、教職員の作業量も増えます。年度ごとに実施するような改善は、現状のカリキュラムや制度の枠組みの継続を前提にして、その中で改善できる点を明らかにしていくという形になるでしょう。

一方、カリキュラムや制度を大きく変更すべきときもあります。たとえば、大学によっては5年おきにカリキュラムや制度を見直しています。また、学習指導要領の変更、専門職の養成に関わる法令の変更、外部環境の大きな変化、改組のタイミング、外部からの厳しい評価などによって、カリキュラムや制度を大きく変更する場合もあります。そのときには、長い間に蓄積された評価結果を活用したり、追加の評価を実施するなど、カリキュラムや制度の大きな改善を進めることになるでしょう。

(3) 改善の選択肢を共有する

カリキュラムや制度は、学問の自由のもとで大学に大きな裁量が委ねられています。そのため、特定の組織的な課題に対しても複数の解決策があることを理解しておくことが必要です。

そのためにまずは、カリキュラムの構成要素を理解し、カリキュラムの全体像を構造的に把握しましょう。表2のようにカリキュラムは12の構

成要素に分類されることがあります（中井編 2022）。構成要素に着目することで、現行のカリキュラムや制度を見直し、改善におけるさまざまな論点や選択肢が明確になるのです。

　たとえば、学生の国際性を向上させたいのであれば、単に国際体験の機会を増やせばよいわけではありません。留学しやすい学期の区切りを検討したり、海外の大学と共同で授業を実施したり、留学を希望する学生の相談体制を充実させたり、多様な文化背景をもつ学生たちが共同で生活する国際寮を設置したりするなど、さまざまな方法を考えることができます。そのような多くの選択肢の中から、大学の現状に適した改善策を明確にしていくとよいでしょう。

表2　カリキュラムの構成要素

(1) 学習目標
(2) 時間区分
(3) 授業科目の設定
(4) 授業科目の配列
(5) 教育方法
(6) 評価方法
(7) 学生の履修の制御
(8) 専攻分野の決定方法
(9) 多様なニーズへの対応
(10) 学習支援
(11) 正課外活動の支援
(12) 他機関の教育との連携

出所　中井編（2022）

（4）合意形成につなげる

　カリキュラムや制度の改善を進めるためには、教職員の合意形成を促す必要があります。教職員の合意形成を怠ると、新しいカリキュラムや制度

への協力が十分に得られません。全学の**ディプロマ・ポリシー***の変更、共通教育の開講科目の変更、学年暦の変更といった、大学のすべての学部に影響を与えるカリキュラムや制度の改善に関しては、関係する教職員が多いため特に慎重に合意形成を進めるべきです。

　カリキュラムや制度の改善を進めるためには、なぜその改善が必要なのかを教員が納得することが重要です。そのためには、評価結果などのデータを活用して、現状の課題と改善案によってどのような変化が期待できるのかを伝えるとよいでしょう。合意形成は会議において行うこともできますが、研修の一環としてカリキュラムや制度の課題を検討し、改善に向けた計画について議論する機会をもつこともできます。

　一方で合意形成に至るまでには、関係するすべての教職員の意見を取り入れることは困難であることを理解しておきましょう。それは教職員の意見を聞かなくてもよいということではありません。関係する教職員の意見を聞く機会を設けて、論点が出しつくされることが重要です。また、学部長などから反対意見をもつ教員に個別に説明を依頼するなどの方法も効果的です。教職員の意見を踏まえて最終的な改善案を策定し、それに至った理由を丁寧に説明しましょう。

(5) 改善の成果を周知する

　評価に基づく改善の成果は広く周知しましょう。ある学部の改善の取り組みが他の学部の改善に役立つことがあるからです。会議や研修などを通して、改善の成果が共有されるようにしましょう。

　また、評価の協力者にも改善の成果を伝えます。アンケート調査に協力する学生には、自分の回答が大学の改善に影響しないと考える者も少なくありません。回答しても意味がないと考えるようになると、回答をしなかったり、真剣に回答しなくなったりするおそれがあります。評価に関わることで自分の意見が大学の改善に活用されることが伝わるように工夫しましょう。自由記述として書かれた学生の要望に回答を提供する大学もあります。また、大学の調査のロゴを作成し、調査用紙、報告書、改善した

場合の報告書にロゴをつけて、評価による改善の可視化を実施している大学もあります（荒木 2022）。

資　料

1　アンケートの鑑文の例

> アンケート調査ご協力のお願い
>
> 　このアンケート調査は、本学の学生の学習実態を把握することを目的としています。調査結果は大学教育の改善や研究目的に限って使用します。アンケートでは、学習実態と学業成績などとの関連を明らかにするため、学籍番号を記入することをお願いしていますが、データは調査実施部署が責任をもって管理し、匿名化したうえで統計的な分析を行うため、個人の回答が調査実施部署以外に流出することはありません。また、回答は大学での成績評価とも一切関係ありません。あなたが考えていることを正直に回答してください。なお、回答したくない場合は何も書かずに提出してください。アンケート調査をもとに本学の教育改善を進めたいと考えていますので、ご協力をよろしくお願いいたします。
>
> 20XX 年 1 月 10 日
> 学生調査委員会
> お問い合わせ：xxxx@xxxx.ac.jp

2　入学時に提出を求める学生への同意書の例

個人情報の取扱いに関する同意書

20XX 年 4 月　日

○○大学　学長　殿

　私は、○○大学で授業を履修するにあたり、○○大学が定める「個人情報の取扱いについて」（別紙）に書かれている個人情報の収集目的、管理方法などを理解し、個人情報の取扱いに同意します。

本人氏名＿＿＿＿＿＿＿＿＿＿＿＿＿＿＿㊞
保証人氏名＿＿＿＿＿＿＿＿＿＿＿＿＿＿＿㊞

（注意）　日付は記入日としてください。
　　　　本書は本人・保証人とも必ずそれぞれ自筆で記入し、印鑑は別個のものを使用してください。

3　学習成果関連の公開データや調査概要

　学生の学習成果について行った調査結果やそのデータを国などが公開していることがあります。これらの情報は、自大学の調査を見直す際の材料としたり、自大学の結果と比較したりするなど、さまざまに活用することができます。ここでは代表的な公開データや調査についていくつか紹介します。ここに挙げた以外にも民間企業が実施するものもあるので調べてみるとよいでしょう。

学校基本調査（文部科学省）

　学校に関する基本的事項を調査し、学校教育行政上の基礎資料を収集することを目的としている。国公私立のすべての学校を対象とし、文部科学省が全数調査で毎年実施している。高等教育機関については、学生、教職員、卒業後の進路、学校施設、学校経費に関するデータが収集されている。各高等教育機関からのデータを文部科学省が集計し、文部科学省と総務省統計局のウェブサイトで公開している。

大学における教育内容等の改革状況について（文部科学省）

　大学における教育内容・方法の改善に向けた取り組みを調査し、国民への情報提供および各大学の積極的な教育内容の改善に関する取り組みを促すことを目的としている。国公私立のすべての大学を対象に、全数調査で毎年実施されている。大学改革に向けた組織的な取り組みに関するデータが収集されている。大学が記入した調査票を回収し、文部科学省が集計結果をウェブサイトで公開している。

全国学生調査（文部科学省）

　全国共通の質問項目により、学生目線から大学教育や学びの実態を把握し、大学の教育改善や国の政策立案など、大学・国の双方においてさまざまな用途に活用することを目的としている。全国の大学生を対象とした大

規模なアンケート調査であり、学生がインターネットで質問項目に回答する。

大学等卒業予定者の就職内定状況等調査（文部科学省・厚生労働省）

大学、短期大学、高等専門学校および専修学校卒業予定者の就職内定状況を把握し、就職問題に適切に対処することを目的としている。国公私立の大学・短期大学などのうち設置者や地域などを考慮して抽出された学校を対象に、文部科学省と厚生労働省が抽出調査で年4回（10月、12月、2月、4月）実施している。大学が調査対象学生への電話と面接により回収したデータを文部科学省と厚生労働省が共同で集計し、就職内定率、分野別内定率、就職希望率に関するデータを厚生労働省のウェブサイトで公開している。

留学生に関する調査（日本学生支援機構）

外国人留学生の在籍状況、日本人学生の留学状況を把握し、留学生施策に関する基礎資料を得ることを目的としている。国公私立のすべての大学・短期大学を対象として、日本学生支援機構が全数調査で毎年実施している。外国人留学生の在籍状況、進路状況、学位授与状況、日本人学生の留学状況に関するデータが収集されている。各高等教育機関が調査票に記入したデータを回収し、日本学生支援機構が集計結果をウェブサイトで公開している。

THE 世界大学ランキング日本版（Times Higher Education およびベネッセグループ）

Times Higher Education がベネッセグループと協力して発表する日本版の大学ランキングである。各大学の教育成果、研究成果、国際性などの幅広い指標によって総合的な順位が決められる。学生、高等学校教員、企業の人事担当者、研究者などの評判も含まれる。毎年の結果はウェブサイトで公開され、総合スコアと分野別スコアが表示される。

用語集

BI ツール → 27

さまざまなデータを集約し、分析結果を可視化するツール。BI とはビジネス・インテリジェンスを略したものであることから、経営上の意思決定を支援する機能を果たすものとして期待されているツールといえる。大学でも IR に活用されている。

FD → 28, 75, 146

教員が授業内容・方法を改善し向上させるための組織的な取り組みの総称。ファカルティ・ディベロップメント（Faculty Development）の略称。教員相互の授業参観の実施、授業方法についての研究会の開催、新任教員のための研修会の開催などが実施される。大学設置基準によって、FD の実施が大学に義務づけられている。

GPA → 6, 31, 39, 84, 107, 115, 127

学生が履修した授業科目の成績から算出された学生の成績評価値、あるいはその成績評価の方法。Grade Point Average の略称。アメリカの大学で用いられてきた成績評価の方法であり、国際化や厳格な成績評価という観点から多くの日本の大学でも取り入れられている。授業料免除や奨学金の選考基準や成績不振学生への対応に活用される。

IEO モデル → 21, 27, 104, 143

学生の卒業時点における学習成果への影響要因として、入学時あるいは在学中の学生の属性、資質や能力、経験があることを示したモデル。高等教育研究者のアスティンにより提唱された。入学時の学生の属性や能力、教育環境も影響を与えることを示している。I は Inputs、E は Environment、O は Outputs または Outcomes を指す。

IR → 26, 45

大学における諸活動の意思決定を支援するために、情報を収集、分析、報告する

一連の活動。諸活動の改善や説明責任を目的として行われる。Institutional Research の略称。特に教育や学習に関する情報を取り扱う場合は教学 IR と呼ばれる。

LMS → 77, 101, 132

学習管理システム。Learning Management System の略称。学生の学習のための教材などを配信するだけでなく、履修状況や成績の管理も行える。課題の提出やそれに対するフィードバックなど教員とのコミュニケーションツールとしても活用される。

OSCE → 43

医学、看護学、歯学、薬学などで取り入れられている、実習前の技能や態度の到達度合いを評価する試験。臨床での実習を行う前にこの試験に合格することが学生には求められる。Objective Structured Clinical Examination の略で客観的臨床能力試験と訳される。

SD → 37

大学の教育研究活動等の適切かつ効果的な運営を図るため、必要な知識や技能を習得させ、ならびにその能力および資質を向上させるための研修のうち、FD に該当しないもの。スタッフ・ディベロップメント（Staff Development）の略称。教員と職員の双方に対してこのような研修機会を設けることが大学設置基準ですべての大学に対して義務づけられている。

アセスメントテスト → 6, 22, 39, 85, 130

学生の知識や技能、態度などの学習成果を直接評価によって測定する方法の総称。測定の結果は、教育の効果検証、カリキュラムの課題発見、学生への学習指導に用いられる。学外のテストが用いられることもある。

アセスメントプラン → 4, 31, 41, 142

大学教育の成果の点検、評価について、その目的、学位プログラム共通の考え方やルーブリック等の尺度、達成すべき質的水準および具体的実施方法などについて定めた学内の方針。2020 年の「教学マネジメント指針」で提唱され、多くの大学

で策定されている。

アドミッション・ポリシー　→ 4, 21, 39

　入学者の受け入れに関する方針。各大学・学部等がその教育理念や特色などを踏まえ、どのような教育活動を行い、どのような能力や意欲、適性などを有する学生を求めているのかなどから構成される。入学者の選抜方法や入試問題の出題内容などに反映される。学校教育法施行規則において、カリキュラム・ポリシーやディプロマ・ポリシーとともに公表することが義務づけられている。

インターンシップ　→ 106

　職場の監督下での一定期間の職業経験。学生の専攻分野に関連した業務に関わるものかどうか、フルタイムかパートタイムか、有給か無給か、短期間か長期間かなど形態はさまざまであるが、キャリア意識の涵養、職業的技能・態度・知識の獲得を目的に実施されている。インターンシップを正規の授業科目として単位化する大学もある。

オープンクエスチョン　→ 83, 111

　回答の選択肢が限定されない形の問いかけ。「なぜ」「どのように」など5W1Hの形での問いかけなどが該当する。相手は自由に回答できるため、問いかけた側が想定していない回答を得られる可能性がある。一方で、相手がうまく説明できず回答を引き出せないおそれもある。

オープンバッジ　→ 90

　資格を認定する団体や教育機関が発行する、世界共通の技術標準規格による電子的な証明。デジタルバッジとも称される。学習歴の証明としてだけでなく、SNSでの提示やメールの署名欄への添付などによって、自身のもっている知識やスキルを第三者に提示することが容易になる。

オナーズプログラム　→ 97

　学力や意欲の高い優秀学生のための特別プログラム。修得単位数や GPA の基準、学生からの志望書、指導教員からの推薦などの書類で選抜された学生を対象と

して、高度な内容を扱う特別授業やプロジェクトを提供したり、大学院の授業科目の履修を認めたりするものがある。

オフィスアワー　→ 138

学生の相談や質問に教員が対応するための時間帯。この時間帯であれば学生は事前に予約をしなくても教員に面談することができる。シラバスに明示したり、学部等の単位で一覧化したりすることで学生に周知される。

学位　→ 3, 84, 94

大学などの高等教育機関が能力を証明するために与える称号。名称や称号を与える方針は国によって異なる。日本では、学位規則において学位の名称や授与するための要件などが定められている。

学士　→ 94

学士課程を卒業した者に与えられる学位。学士を取得するには、卒業に必要な単位を修得することが求められる。大学設置基準において、4年以上の在学と124単位以上の修得が、医学などの一部の分野を除いて卒業要件として定められている。国際的には Bachelor に相当する。

学士力　→ 4, 105

中央教育審議会で提言された学士課程共通の学習成果に関する参考指針。2008年の中央教育審議会答申「学士課程教育の構築に向けて」で提示された。「知識・理解」「汎用的技能」「態度・志向性」「統合的な学習経験と創造的思考力」の4分野13項目から構成される。

課題解決型学習　→ 52, 77

課題解決を図ることで学習を行うアクティブラーニングの方法。Problem Based Learning を略して PBL と称することもある。学生は課題解決に必要な知識を自ら学び、解決策を提示する。複数教員がグループごとに指導をするチュートリアル型もある。

学校教育法 → 9, 19

　1947 年に制定された日本の学校体系などを定めた法律。幼稚園、小学校、中学校、義務教育学校、高等学校、中等教育学校、特別支援学校、大学、高等専門学校について基本的な事項が定められている。学校教育法で定められた事項を具体的にどのように取り扱うかについては、学校教育法施行規則で定められている。

科目等履修生 → 91

　必要な授業科目や興味関心のある授業科目のみ履修し、正課教育を部分的に受ける非正規学生。これによって認められた単位は、正課教育を受ける際に既修単位として、卒業要件や資格取得のための単位に組み込むことができる場合もある。

カリキュラム・ポリシー → 4, 42, 66, 92

　教育課程の編成および実施に関する方針。ディプロマ・ポリシーで定めた学習目標を達成するために、どのようにカリキュラムを編成し実施するのかの方針をまとめたものである。学校教育法施行規則においてアドミッション・ポリシーやディプロマ・ポリシーとともに公表することが義務づけられている。

カリキュラム・マップ → 30, 74

　授業科目と学習目標の関係や授業科目間の関係や順次性を示した図の総称。学生と教職員がカリキュラム全体の構造を俯瞰できるようにすることで、体系的な履修を促す意図をもつ。卒業時に身につけるべき能力と授業科目を対応させるマトリクス形で示されるものもある。カリキュラム・マップのうち、特に順次性や授業科目間の関係性を示すことを重視してチャート型で示したものはカリキュラムツリーと呼ばれることがある。

間接評価 → 10, 20, 26, 39, 100

　学習成果について学習者の自己報告によって評価する方法。学生に対するアンケート調査やインタビュー調査などによって行われることが多い。学生の価値観、態度、学習行動などの評価に向いている。

逆向き設計　→ 16

　学生が達成する教育の成果を定めてから設計するカリキュラム編成の方法。教育内容や教育方法を定めるのに先立って、評価の根拠となる具体的な学習成果を明確にする。教育学者のウィギンズとマクタイが提唱した。

キャリア教育　→ 8

　学生の社会的、職業的な自立に向けて基盤となる能力や態度を育成することによって学生のキャリア発達を促すための教育。大学での学習に対する目的意識をもたせたり、卒業後に必要となる汎用的技能を身につけたりすることを目指して行われるものが多い。

教育基本法　→ 8

　日本の教育に関する原則を定めた法律。教育に関する法令の運用や解釈の基準となる性格をもつことから教育憲法と呼ばれることもある。前文と 18 条から構成される。1947 年に制定され、2006 年に全面的に改正された。

教学マネジメント　→ 37, 139

　大学がその教育目的を達成するために行う管理運営。ディプロマ・ポリシーで示した学習目標を学生が達成できるように、カリキュラムを編成、実施、評価、改善を行うことで、大学の内部質保証の確立を目指す。2020 年の「教学マネジメント指針」において、教学マネジメントの方向性が示された。

教授会　→ 36, 41, 136

　学部等におかれる合議制の仕組み。構成員は教授に限らず准教授などの教員が含まれることも多い。現在の教授会の役割は学校教育法に基づいているが、旧制大学以来の学部自治の伝統の中で、実質的には大きな権限をもつ場合もある。

クラス担任制度　→ 132

　学生をクラスに分けそれぞれのクラスに学生への指導や助言のための教員を担任として配置する制度。クラス担任はアドバイザー教員などと称されることもある。学習や生活に関する定期的な面談、履修指導、オリエンテーションの実施などを行

うことが多い。

クローズドクエスチョン　→ 83, 111

　回答の選択肢が「はい」「いいえ」のように限定される問いかけ。明確な回答を短時間で得たい場合や、相手が自分の言葉で説明するのが難しい場合などに活用することができる。ただし、話題が広がりにくいという課題もある。

形成的評価　→ 22, 68

　学習の途中に行われる、学習者の理解度の確認やそれに応じた指導の修正のための評価。評価結果をもとに、学習者が重点的に学習すべき内容を把握することができる。指導者にとっては、指導計画や方法を再検討する情報を得る手段となる。

個人情報　→ 7, 33, 107, 136

　生存する個人に関する情報で、特定の個人を識別することができるもの。法律上では他の情報と容易に照合でき、照合に伴い特定の個人を識別できるような情報を含む。本人の人種、信条、社会的身分など、本人に対する不当な差別や偏見などの不利益につながりうる情報を、特に要配慮個人情報という。

個人内評価　→ 24

　個人の能力などを、過去と比較して変化しているかどうかを基準として評価する方法。評価する基準が個人内にあるので、個人の成長を評価するのに適している。絶対評価や相対評価のように客観的な基準に基づく評価ではない点には注意を要する。

コモンルーブリック　→ 58

　複数のクラスで共通して活用されるルーブリック。担当教員や授業科目が異なっても、共通の観点や基準で評価できるのが利点である。ただし、観点や基準で示される用語について、活用する関係者間がある程度共通認識をもっておく必要がある。

コンソーシアム　→ 94

　複数の高等教育機関が連携して事業を行う団体。地方公共団体や地域の企業など

が加わる団体もある。主な事業には、単位互換、図書館の相互利用、公開講座、学生や教職員同士の交流、教職員能力開発などがある。

サービスラーニング　→106

国内外における社会貢献を通じて学ぶ方法。社会貢献の活動を行う前に、対象となるフィールドに関する知識や活動に必要な技能の習得が求められる。また、活動後に振り返りの機会を設けることで、学習者の学びにつながることが期待されている。

自己評価　→50, 76, 130

学習者が自分で自分の能力を評価すること。学習者にとっては学習の振り返りの機会となり、評価能力の向上にもつながる。ただし、学習者自身の評価能力が高くない場合、過大評価または過小評価につながるおそれもあるため、教員など他者が、評価の観点や基準を伝えたり、他者の視点から見た評価を行ったりした方がよい。

社会人基礎力　→105

経済産業省が定義した「職場や地域社会で多様な人々と仕事をしていくために必要な基礎的な力」。主体性、働きかけ力、実行力で構成される「前に踏み出す力」、課題発見力、計画力、創造力で構成される「考え抜く力」、発信力、傾聴力、柔軟性、情況把握力、規律性、ストレスコントロール力で構成される「チームで働く力」の3つの能力に細分化される。

修業年限　→8, 120

カリキュラムを終えて、卒業・修了するのに必要とされる期間。大学の学士課程では修業年限として4年と6年の分野がある。飛び級や学士修士一貫プログラムなどの制度によって、早期に卒業・修了することもある。

準正課教育　→96

大学が関与する教育的な意図の高い学生の正課外活動の総称。教職員が支援するボランティア、フィールドワーク、学内起業などが含まれる。準正課活動や準正課

プログラムと呼ぶ大学もある。

情意領域　→ 18, 30, 44, 52, 78

　興味や価値観、態度など意思や情緒と判断力、適応性の発達に関わる目標の領域。ブルーム・タキソノミーにおける学習目標の分類の1つ。教育において重要な領域であるが、他の領域と比較して教育や評価が難しいという特徴をもつ。

初年次教育　→ 58, 79, 118, 137

　大学の初年次学生を対象とした教育。大学への入学に際して、高等学校からの円滑な移行を促すことや、入学後の学習の効果をより高めることを目的として、学生に提供される。大学生活への適応、大学で必要な学習スキルの獲得、自己分析、キャリア開発への導入、学習への動機づけ、専門教育への導入といった内容が含まれる。

シラバス　→ 8, 17, 29, 74, 90, 121, 145

　授業科目における計画を示した資料。担当者、学習目標、学習内容、評価方法や基準、教科書や参考書、授業時間外の学習課題などが記されている。学生の履修登録のための情報提供だけでなく、学生の授業時間外を含めた学習の指針の提示や教員相互の授業内容の調整などに使用される。

真正の評価　→ 51, 77

　生活や実社会で直面する課題に学習者が取り組むことについて行う評価。従来の筆記テストでは学内でしか通用しない能力しか測れないのではないかという批判から提唱された。

診断的評価　→ 21

　教育活動を始める前に行う評価。学習の前提となる知識や技能を学習者がどれだけ習得しているかを測り、習得度合いに応じた学習計画を立てることを目的とする。学習者へのアンケートや事前ヒアリングなどの方法により行われる。

信頼性 → 62, 69

同じ評価方法を繰り返しても同じ結果が得られるかどうかを示した概念。評価が備えるべき条件の1つ。この条件に照らすと、繰り返すたびに結果が著しく異なる評価方法には問題があることになる。

正課外活動 → 81, 88, 100, 132, 143

正課教育の外に位置づけられる学生の活動の総称。部活動、サークル活動、アルバイト、就職活動などが含まれる。これらの活動が学生の発達に与える影響は大きいことから、大学による組織的な支援が行われる場合もある。

精神運動領域 → 18, 30, 52, 78

身体を用いる運動技術をはじめとした技能に関する学習目標の領域。ブルーム・タキソノミーにおける学習目標の分類の1つ。単に模倣できるといった学習目標だけでなく、意識せずにできるようになるといった学習目標も含まれる。

絶対評価 → 23

個人の学習の到達度を、他者と比較せずに学習目標に照らして評価する方法。個人の到達度の違いを明確に評価できるように、学習目標の細分化や具体化が必要となる。

総括的評価 → 22, 64

教育活動が終了した時点で、学習成果や学習目標に対する達成度を測るために行う評価。大学の授業でいえば、学期末の試験やレポートといった成果物に対する評価が該当する。診断的評価や形成的評価とあわせて行うと、学習活動の開始や途中の時点との学習成果の比較ができる。

相互評価 → 78

複数の学習者同士でお互いの学習成果を評価する方法。ピア評価とも呼ばれる。教員や指導者の目が届かない部分まで評価できたり、学習者の評価能力を高めたりすることが期待される。ただし、相互に甘い評価になってしまわないような工夫が必要である。

相対評価　→ 24, 31, 117

　学習者の能力や学習成果を、他者との比較によって評価する方法。学習者が所属する集団全体における相対的な位置によって評価が示される。順位を決めなければならない場合や、具体的な評価基準を定めにくい場合などに用いられる。

卒業要件　→ 6, 89, 116, 128

　大学の教育課程を修了するために必要な条件。卒業要件を満たすことで卒業が認められ、学位が授与される。大学設置基準では多くの分野で4年という在学期間と124単位以上の修得を要件として定めている。

大学設置基準　→ 37, 91, 142

　日本の大学を設置するのに必要な最低の基準を定めた法令。この基準は大学の設置後も維持しなければならない。教員組織、教員資格、収容定員、教育課程、卒業の要件などが定められている。大学設置基準は省令であり、文部科学大臣が制定することができる。

大学等連携推進法人　→ 95

　文部科学大臣の認定のもと、連携に係る協議調整や連携事業を一元的に実施するなどの業務を行う一般社団法人。大学等の設置者が社員となり、社員の設置する大学間における人的・物的資源の効果的な活用を目指す。自ら開設した授業科目を連携開設科目とみなせるなど、教学上の連携も可能である。

妥当性　→ 13, 44, 69

　評価方法が対象にとって適切かどうかという概念。評価が備えるべき条件の1つ。評価しようとしている資質や能力にふさわしい方法が用いられているかどうかを検討する際に用いられる考え方である。

ダニング・クルーガー効果　→ 83

　能力を身につけていない個人ほど、自分の能力を実際より高く評価してしまうという認知バイアス。社会心理学者のダニングとクルーガーによって確認されている。学習者の自己評価の結果を分析する際に考慮すべき要素である。

ダブルバーレル → 104

1つの設問で2つの内容を尋ねるような設問。どの内容に対して回答すればよいか回答者が混乱しやすくなることから、アンケート調査では好ましくない設問である。設問を分割したり選択肢を工夫したりすることで避けることができる。

単位互換制度 → 89

在籍する教育機関以外で修得した単位を、在籍する教育機関の単位として認定する制度。自分の教育機関では学べない分野の授業科目を受けることができる。大学設置基準においては、60単位を上限として、他の大学、専門職大学または短期大学において履修した授業科目の単位の修得を認めている。

逐語録 → 102

インタビュー調査などで生じた会話の内容を文字にしたもの。録音したデータから文字にすることを文字起こしやテープ起こしという場合もある。作成にあたっては、インタビュー調査の時間よりも多くの時間を要することが多い。

中央教育審議会 → 2, 42

文部科学大臣からの諮問に応じて、教育などに関する重要施策について大臣へ意見を述べる機関。意見をまとめた結果を答申という。30名以内の学識経験者である委員に加え、臨時委員や専門委員が置かれることもある。

直接評価 → 10, 20, 27, 39, 100, 115

学習者の知識や能力を用いる課題を通じて学習成果を評価する方法。学習者が何を知っているのか、何ができるのかを示す。筆記や実技による試験やレポートなどによって行われる。

ティーチング・アシスタント → 98

授業実施における教育補助業務を行う大学院学生。大学教育の充実だけでなく、大学院学生の能力開発の機会提供や処遇の改善を目的としている。ティーチング・アシスタントを対象とした研修も行われる。TAとも呼ばれる。

ディプロマ・サプリメント　→ 14, 84, 129

　学位記などに添付される補足資料。学位や資格に関する基本情報、学位取得者が修了した教育プログラムやその内容、学習成果の情報などを含む。ヨーロッパにおいて異なる高等教育機関の連携を推進する目的のもとに開発された。

ディプロマ・ポリシー　→ 4, 19, 28, 39, 52, 64, 78, 91, 104, 115, 126, 149

　卒業認定・学位授与に関する方針。養成する人材像、卒業要件、授与する学位名とともに、卒業時に到達している学習目標を明記し、カリキュラム編成の起点となる。学校教育法施行規則において、アドミッション・ポリシーやカリキュラム・ポリシーとともに公表することが義務づけられている。

到達目標　→ 17, 55, 64, 121

　教育活動を通じてすべての学習者が到達することを期待される目標。大学の授業科目などで採用されているもので、基準を明確に示すために「○○できる」のように可視化できる行動で表現されることが多い。

内部質保証　→ 10, 16, 28, 41, 58, 115, 139

　大学が自ら行う自己点検・評価と、それに基づく組織的な教育改善の活動。大学における教育研究活動への取り組み状況や、それによる学生の学習成果などを分析・評価しながら継続的な水準の維持に努め、教育の質が確保されていることを社会に対して保証する。

日本学術会議　→ 105

　行政、産業および国民の生活に科学を反映、浸透させる目的で設立された内閣総理大臣が所轄する機関。政府や社会に対して科学者を代表して意見を提言したり、国内外の学術振興を推進したりする。「大学教育の分野別質保証のための教育課程編成上の参照基準」の作成元でもある。

入学前教育　→ 118

　入学予定の学生に対して入学前に実施する教育。総合型選抜などで入学が決まった場合、入学までの期間に行われるものもある。課題を出す、定期的な面接を設け

る、大学入学共通テストなどの受験を推奨するなどさまざまな方法で行われる。

認証評価　→ 28

文部科学大臣の認証を受けた評価機関が教育研究活動等の状況について行う評価。各認証評価機関の評価基準に基づいて行われる。大学は政令で定められた期間ごとに評価を受けることが義務づけられている。

認知領域　→ 18, 30, 44, 52, 78

知識の習得と理解など知的諸能力の発達に関する学習目標の領域。ブルーム・タキソノミーにおける学習目標の分類の1つ。記憶するといった学習目標だけでなく、問題解決を行うといった知識の活用を目指す高度な学習目標も含まれる。

パネル調査　→ 108

同じ対象者に対して複数回繰り返して行う調査。複数回で同じ設問で調査することにより、回答傾向の経年変化を分析することができる。市場調査や社会調査でも用いられるが、大学の学生調査の場合は入学から卒業までの2つ以上の時点で行われる。

パフォーマンス課題　→ 49, 65

パフォーマンス評価を行うための課題。一般にレポートや小論文、ポスター、絵画など完成作品によって評価を行うものと、口頭発表、ロールプレイ、実験器具の操作など、その場での実演によって評価を行うものに分類される。

パフォーマンス評価　→ 11, 49, 63

提示されたパフォーマンス課題に対する学習者の資質や能力を評価する方法の総称。真正の評価を実施するための具体的な手法である。測りたい知識やスキルを明確にしたうえで、特定の文脈などを定めることで設定される。

ハラスメント　→ 102

他者の意思に反する形で行われるさまざまな嫌がらせの総称。特に性的な嫌がらせに該当するものはセクシュアルハラスメント、職場の優越的な関係を背景に行わ

れる嫌がらせはパワーハラスメント、大学での教育研究上行われる指導で行われる
ものはアカデミックハラスメントと呼ばれる。

汎用的技能　→ 22, 43, 59, 85, 131

さまざまな状況のもとで活用することのできる能力。批判的思考力、コミュニ
ケーション力、リーダーシップ、創造性、柔軟性などが挙げられる。転移可能能力
とも呼ばれる。汎用的技能を重視した概念として、中央教育審議会答申で提示され
た学士力、経済産業省の提言する社会人基礎力などがある。

ピアサポーター　→ 98

他の学生に対して支援を行う学生。学生生活への適応支援、学習支援、キャリア
開発支援、留学生に対する支援、図書館における支援、障害のある学生の支援など
を行う。

フィードバック　→ 5, 22, 45, 79, 97, 125, 143

学習者に学習の進捗やプロセスに関する評価結果を返すこと。学習の到達度を判
定するだけでなく、その後の学習を促進する目的でも活用される。対象となる学習
者の習熟度、学習課題の内容、人数や指導者の負担などを考慮する必要がある。

フィードバック・サンドイッチ　→ 127

フィードバックの一連の流れを示すモデルの１つ。否定的フィードバックを肯定
的フィードバックではさむ様子をサンドイッチになぞらえて名づけられた。学生の
学習意欲の低下を避け、改善に向けた情報を受け入れやすくする意図で取り入れら
れる。

ブルーム・タキソノミー　→ 2, 18, 92

心理学者ブルームらによる学習目標の分類や記述のための枠組み。分類学とも称
される。学習目標を認知領域、情意領域、精神運動領域の３つの領域に分類し、そ
れぞれの領域において段階を設定している。

プレイスメントテスト　→ 21

習熟度別クラスなどへの割り振りなどを目的として、学生の学力を測定する試験。クラス分けテストやクラス編成テストと呼ばれることもある。入学前や入学直後に行われることが多い。

方向目標　→ 18

望ましい方向性を指し示す目標。達成の基準が明確に定められているというよりは、できていればいるほど望ましいとみなされる。通常は、到達目標に比べて抽象度が高くなる。

ポートフォリオ　→ 19, 76, 90

学生の学習過程や学習成果を蓄積したもの。授業における成果物やそれに対する自己評価の記録、教員などからのフィードバックの記録などが系統的に蓄積される。学習の記録として学生のその後の学習に活用できたり、ある一定期間における学習成果を評価したりするためにも用いられる。ポートフォリオは本来「書類入れ」を意味する言葉。

ボランティア　→ 96

災害時の支援活動や地域社会の課題解決などに自らの意思で参加する活動、あるいはその活動に従事する人。大学においては、主として正課外活動として行われるが、準正課教育として位置づけたり、単位認定を伴う授業科目の一部としたりする例もみられる。

ラーニングコモンズ　→ 106

さまざまな情報資源や学習支援者にアクセス可能で、個人あるいは複数の学生による相互の学習を促す大学内の空間。図書館や情報処理施設の中に設置されることが多いが、独立した建物として設置している大学もある。

リカレント教育　→ 88

個人の興味関心や職業上の必要性から行われる再教育のこと。生涯をかけて教育の場と職業の場を行き来しながら行われる学習を意味することが多い。高度化、複

雑化する社会に対応するうえでその必要性が主張され、OECD の教育政策論の中に取り入れられるなど政策的な後押しもされている。

履修証明プログラム　→89

学校教育法のもとで行われる、高等教育機関により提供される社会人などが対象の学習プログラム。総時間数 60 時間以上で構成され、修了者に対しては履修証明書が交付される。経済・経営系、医療系、理工系などさまざまな分野で開講されている。

リフェラル・スキル　→135

他の担当者や部署へ適切に仲介する技術。学習支援においては特に、支援担当者が、医師やカウンセラーなどの専門家や専門部署に学生を取り次ぐ際に重要となる。仲介すべきタイミングを見極めること、仲介に際し学生に適切な情報を伝えること、学生の不安を軽減することなどに関する一連のスキルを含んでいる。

リメディアル教育　→8, 121

大学での学習を行ううえで前提となる知識などを身につけるための補習教育。高等学校での理数系科目や英語などに対して行われることが多い。入学前教育の一環として行われたり、卒業要件としない授業科目において実施されたりするものなど実施形態は多様である。

ルーブリック　→14, 19, 40, 49, 63, 83, 130

評価基準を観点と尺度で示した評価ツール。評価基準を明確化するために、それぞれの到達度を具体的に記述している点に特徴がある。さまざまな知識と技能を統合した学習成果を評価するのに適している。レポートの評価や実技試験などに活用される。複数の教員で評価する場合、共通の評価基準で評価することができる。

レディネス　→21, 39

学習にのぞむ学習者の準備状況。主に、学習者の知識や技能、意欲、過去の経験などが含まれる。学習内容や教育方法を定めるためにはレディネスの適切な把握が必要となる。

注

1　滋賀大学では、「滋賀大学における成績評価のガイドライン」を定め、成績評価における相対評価の部分的導入について言及している（https://www.shiga-u.ac.jp/wp/wp-content/uploads/seisekiguideline.pdf（最終確認2023年6月28日））。

2　創価大学では、ディプロマ・ポリシー等で定めるアセスメント項目に対応させる形で、アセスメント指標を定めている（https://www.soka.ac.jp/department/policy/nursing/（最終確認2023年6月28日））。

3　愛媛大学では、すべての学部においてアセスメントの方法ごとに、実施責任部署や結果の活用方法を示したアセスメントプランを公開している（https://www.ehime-u.ac.jp/education/assessment/（最終確認2023年6月28日））。

4　AAC&UではVALUEルーブリックの日本語に訳されたものもウェブページ上から無償でダウンロードできるようになっている。ただし、ダウンロードにあたってはAAC&Uにアカウントを登録し、AAC&Uのオンラインショッピングサイトにアクセスし、申込が必要である（https://www.aacu.org/initiatives/value-initiative/value-rubrics/japanese-translation（最終確認2023年6月28日））。

5　名城大学法学部法学科では、3つのポリシーとアセスメントポリシーを一覧表の形にまとめて公開している（https://www.meijo-u.ac.jp/academics/law/legal/pdf/policy.pdf（最終確認2023年6月28日））。

6　東京都市大学工学部機械システム工学科では、卒業研究で用いられるルーブリックを作成している（http://www.comm.tcu.ac.jp/~mse/uploads/2019/01/rubric2016.pdf（最終確認2023年6月28日））。

7　たとえば和歌山大学による学生プロジェクトのウェブサイトでの公開がある（https://www.wakayama-u.ac.jp/crea/crea-project/index.html（最終確認2023年6月28日））。

8　たとえば関西大学では授業科目の履修に加えて、正課外の指定プログラムを修了した学生にオープンバッジを発行している（https://www.kansai-u.ac.jp/sdgs/activities/detail/entry070421.html（最終確認2023年6月28日））。

9　お茶の水女子大学教学IR・教育開発・学修支援センターのウェブサイトではGPAのさまざまな提示方法を知ることができる（https://crdeg5.cf.ocha.ac.jp/crdeSite/alagin4.html#ala8（最終確認2023年6月28日））。

10　たとえば早稲田大学における学生アスリート支援のプログラムがある（https://www.waseda.jp/inst/athletic/wasedasports/program/（最終確認2023年6月28日））。

11　愛媛大学では、学生を対象としたアンケート結果を踏まえて、遠隔授業における課題の指示や提出確認、フィードバックの重要性とその具体的な方法をヒント集として公開している（https://www.ehime-u.ac.jp/wp-content/uploads/2020/02/20201007enkaku_hint.pdf（最終確認2023年6月28日））。

12　創価大学では、ポータルサイトで学生からの評価に対する教員のコメントを全学生が

閲覧できるようになっている（https://www.soka.ac.jp/fd/activity/assessment/clas-quest/（最終確認 2023 年 6 月 28 日））。

参考文献

阿濱志保里、宇田川暢、川村和弘（2017）「正課外活動に対応するポートフォリオ・システムのデザイン」『JSiSE Research Report』Vol.32、No.2、pp.31-35

荒木俊博（2022）「教育学術学生調査の実質化と回答負担軽減―調査マネジメント構築を目指して」『教育学術新聞』2022年9月7日号

グラント・ウィギンズ、ジェイ・マクタイ（西岡加名恵訳）（2012）『理解をもたらすカリキュラム設計―「逆向き設計」の理論と方法』日本標準

バーバラ・ウォルワード（山崎めぐみ、安野舞子、関田一彦訳）（2013）『大学教育アセスメント入門―学習成果を評価するための実践ガイド』ナカニシヤ出版

愛媛大学教育・学生支援機構教育企画室（2023）『愛媛大学版大学での学び入門』

小川賀代、小村道昭編（2012）『大学力を高めるeポートフォリオ―エビデンスに基づく教育の質保証をめざして』東京電機大学出版局

小川洋（2009）「学習支援センターの研究」『リメディアル教育研究』第4巻第1号、pp.58-60

沖裕貴（2016）「ルーブリックって何？」中部大学CUルーブリックライブラリ・手引き

葛西耕市、稲垣忠（2012）「アカデミックスキル・ルーブリックの開発―初年次教育におけるスキル評価の試み」『東北学院大学教育研究所報告集』第12号、pp.5-29

梶田叡一（2010）『教育評価 第2版補訂2版』有斐閣

川嶋太津夫（2008）「ラーニング アウトカムズを重視した大学教育改革の国際的動向と我が国への示唆」『名古屋高等教育研究』第8号、pp.173-191

川嶋太津夫（2009）「アウトカム重視の高等教育改革の国際的動向―「学士力」提案の意義と背景」『比較教育学研究』第38号、pp.114-131

川瀬友太、竹中喜一（2011）「2011年度春学期授業評価アンケートの分析と課題」『関西大学高等教育研究』第3号、pp.95-104

関西国際大学（2009）『学生の大学卒業程度の学力を認定する仕組みに関する調査研究』平成20年度文部科学省先導的大学改革推進委託調査研究報告書

関西国際大学編（2018）『大学教学マネジメントの自律的構築―主体的学びへの大学創造20年史』東信堂

木村裕、古田薫編（2022）『教育課程論・教育評価論』ミネルヴァ書房

教育基本法研究会編著（田中壮一郎監修）（2007）『逐条解説 改正教育基本法』第一法規

経済産業省（2019）『AI・データの利用に関する契約ガイドライン1.1版』

国立教育政策研究所（2016）『大学生の学習実態に関する調査研究について（概要）』

リンダ・サスキー（齋藤聖子訳）（2015）『学生の学びを測る―アセスメント・ガイドブック』玉川大学出版部

札幌学院大学教学IR委員会（2021）『札幌学院大学IR報告書2020-21年度版』

佐藤浩章（2023）『大学教員の能力開発研究―ファカルティ・ディベロップメントの構造と

　評価』玉川大学出版部

佐藤浩章、中井俊樹、小島佐恵子、城間祥子、杉谷祐美子編（2016）『大学の FD Q&A』
　玉川大学出版部

篠田雅人、日下田岳史（2014）「人文科学系学科における卒業論文の意味するもの」『大学
　経営政策研究』第 4 号、pp.55-71

清水栄子、中井俊樹編（2022）『大学の学習支援 Q&A』玉川大学出版部

清水一彦（2023）「大学等連携推進法人における連携開設科目の実践と課題─『大学アライ
　アンスやまなし』の事例」『名古屋高等教育研究』23 巻、pp.27-41

私立大学情報教育協会（2017）「学修ポートフォリオシステムの導入・活用等の参考指針」

杉田郁代、木村治生（2020）「大学教育における資質・能力の育成と卒業後の自己効力感と
　の関係」『高知大学教育研究論集』第 25 号、pp.1-12

ダネル・スティーブンス、アントニア・レビ（佐藤浩章監訳、井上敏憲、俣野秀典訳）
　（2014）『大学教員のためのルーブリック評価入門』玉川大学出版部

駿河台大学 IR 実施委員会（2018）「1 年次生における出席・成績の状況について」

政策研究所（2018）「平成 29 年度文部科学省高等教育局委託事業『国内大学の GPA の算
　定及び活用に係る実態の把握に関する調査研究』報告書」

大学 ICT 推進協議会（2023）「教育・学習データ利活用ポリシーのひな型（第 2 版)」

大学改革支援・学位授与機構（2021）「高等教育に関する質保証関係用語集 第 5 版」

大学基準協会（2020）「『大学基準』及びその解説」

大学コンソーシアム京都（2022）『第 27 回 FD フォーラム報告集』

髙橋哲也（2014）「大阪府立大学における IR 実践について」『大学教育』第 11 巻第 2 号、
　pp.15-21

髙橋望、藤本裕介、西本裕輝（2019）「琉球大学学士課程における退学・休学・除籍・留年
　の早期発見に向けた検討─退学等に至る学生の初年次前期の GPA と入学動機の特徴の
　可視化の試み」『琉球大学大学教育センター報』第 21 号、pp.89-100

竹中喜一（2020a）「アセスメントプランを実質的に機能させるための視点（上）」『教育学
　術新聞』令和 2 年 10 月 21 日号

竹中喜一（2020b）「アセスメントプランを実質的に機能させるための視点（下）」『教育学
　術新聞』令和 2 年 10 月 28 日号

垂門伸幸（2015）「修学支援に活用する指標の検討とその活用方法─出席率と GPA の関係
　に注目して」『高等教育フォーラム』第 5 号、pp.137-145

中央教育審議会（2008）「学士課程教育の構築をめざして」

中央教育審議会大学分科会大学教育部会（2016）「『卒業認定・学位授与の方針』（ディプロ
　マ・ポリシー）、『教育課程編成・実施の方針』（カリキュラム・ポリシー）及び『入学者
　受入れの方針』（アドミッション・ポリシー）の策定及び運用に関するガイドライン」

中央教育審議会大学分科会（2020）「教学マネジメント指針」

中央教育審議会大学分科会（2022）「大学設置基準等の一部を改正する省令案骨子案」

塚本浩太編（2022）『大学 IR 標準ガイドブック─インスティテューショナル・リサーチの
　ノウハウと実践』インプレス R&D

東京理科大学総合教育機構教育開発センター（2014）『平成 26 年度（2014 年度）東京理科大学総合教育機構教育開発センター活動報告書』

マーチン・トロウ（天野郁夫、喜多村和之訳）（1976）『高学歴社会の大学―エリートからマスへ』東京大学出版会

中井俊樹（2023）「カリキュラム改善に活用される IR」『IDE 現代の高等教育』649 号、IDE 大学協会 , pp.27-31

中井俊樹編（2015）『シリーズ大学の教授法 3 アクティブラーニング』玉川大学出版部

中井俊樹編（2021）『大学 SD 講座 2 大学教育と学生支援』玉川大学出版部

中井俊樹編（2022）『シリーズ大学教育の質保証 1 カリキュラムの編成』玉川大学出版部

中井俊樹、鳥居朋子、藤井都百編（2013）『大学の IR Q&A』玉川大学出版部

中井俊樹、服部律子編（2018）『授業設計と教育評価』医学書院

中島英博編（2018）『シリーズ大学の教授法 4 学習評価』玉川大学出版部

仲道雅輝、片岡由香（2020）「授業コンサルティングの手法を用いたカリキュラムコンサルティングの試み―社会共創学部環境デザイン学科の取り組み事例」『IR News』第 7 号、p.5

西岡加名恵（2003）『教科と総合に活かすポートフォリオ評価法―新たな評価基準の創出に向けて』図書文化社

西岡加名恵（2016）『教科と総合学習のカリキュラム設計―パフォーマンス評価をどう活かすか』図書文化社

西岡加名恵、石井英真編（2019）『教科の「深い学び」を実現するパフォーマンス評価―「見方・考え方」をどう育てるか』日本標準

西岡加名恵、石井英真編（2021）『教育評価重要用語事典』明治図書

西岡加名恵、石井英真、田中耕治編（2015）『新しい教育評価入門―人を育てる評価のために』有斐閣

二宮祐（2021）「『学習成果の可視化』に資するコンピテンシー・ディクショナリー ―ジェネリックスキル評価テストを対象として」『大学評価研究』第 20 号、pp.91-100

日本経済団体連合会（2022）「提言『新しい時代に対応した大学教育改革の推進―主体的な学修を通じた多様な人材の育成に向けて―』」

フレッド・ニューマン（渡部竜也、堀田諭訳）（2017）『真正の学び／学力』春風社

林隆之（2018）「内部質保証システムの概念と要素―先行研究のレビューと『教育の内部質保証に関するガイドライン』の定位」『大学評価・学位研究』第 19 号、pp.3-22

日下田岳史（2021）「東京 23 区の私立大学における『トリクルダウン現象』―人文・社会科学系の中規模大学の事例」『大学入試研究の動向』第 38 号、pp.13-19

深堀聰子（2015）「学習成果をめぐる国内外の動向―学内・国内・国際社会における合意形成のアプローチ」SPOD フォーラム 2015 講演資料

深堀聰子（2019）「日本版ディプロマ・サプリメントが明かす日本高等教育質保証システムの課題」『工学教育』67 巻 1 号、pp.22-27

福留東土（2009）「米国高等教育におけるラーニングアウトカムに関する動向」『比較教育学研究』第 38 号、pp.145-158

藤原康宏、大西仁、加藤浩（2007）「公平な相互評価のための評価支援システムの開発と評価—学習成果物を相互評価する場合に評価者の選択で生じる『お互い様効果』」『日本教育工学会誌』第 31 巻第 2 号、pp.125-134

北陸大学（2022）『2022 年度履修の手引（経済経営学部）』

堀哲夫（2019）『新訂 一枚ポートフォリオ評価 OPPA——一枚の用紙の可能性』東洋館出版社

松下佳代（2012）「パフォーマンス評価による学習の質の評価—学習評価の構図の分析にもとづいて」『京都大学高等教育研究』第 18 号、pp.75-114

松下佳代（2014）「学習成果としての能力とその評価—ルーブリックを用いた評価の可能性と課題」『名古屋高等教育研究』第 14 号、pp.235-255

松下佳代（2017）「学習成果とその可視化」『高等教育研究』第 20 号、pp.93-112

松下佳代、石井英真編（2016）『アクティブラーニングの評価』東信堂

松下佳代、小野和宏、斎藤有吾（2020）「重要科目での埋め込み型パフォーマンス評価を通して科目レベルとプログラムレベルの評価をつなぐ」『京都大学高等教育研究』第 26 号、pp.51-64

松下正史（2022）「達成度表を用いた教育目標に対する習熟度の継続的アセスメント」『IRニュース』第 9 号、p.5

六車正章（2005）「大学における資格の単位認定の現状—全国大学調査の集計・分析から」『大学評価・学位研究』第 2 号、pp.21-46

文部科学省（2019）「教育政策における EBPM の強化」経済社会の活力ワーキング・グループ令和元年 12 月 3 日会議資料

文部科学省（2022）「令和 2 年度の大学における教育内容の改革状況について」

山田剛史（2018a）「学生エンゲージメントが拓く大学教育の可能性〜改めて「誰のための」「何のための」教育改革かを考える〜」ベネッセ教育研究開発センター編『第 3 回大学生の学習・生活実態調査報告書』pp.30-39

山田剛史（2018b）「大学教育の質的転換と学生エンゲージメント」『名古屋高等教育研究』第 18 号、pp.155-176

山田嘉徳、森朋子、毛利美穂、岩﨑千晶、田中俊也（2015）「学びに活用するルーブリックの評価に関する方法論の検討」『関西大学高等教育研究』第 6 号、pp.21-30

山本敏久、塚脇涼太（2018）「学習成績概評と大学 GPA との関連—入学者選抜での活用に向けて」『比治山大学紀要』第 25 号、pp.81-86

湯本雅恵、住田曉弘（2019）「自己理解と成長に活かすためのディプロマ・サプリメントの開発」『工学教育』67 巻 1 号、pp.28-33

リベルタス・コンサルティング（2018）「大学教育改革の実態把握及び分析等に関する調査研究—学修成果の把握として行われるアセスメント・テストの実態に関する調査」

スティーブン・ロビンス（髙木晴夫訳）（2009）『組織行動のマネジメント—入門から実践へ』ダイヤモンド社

Astin, A. (1984) Student Involvement: A Developmental Theory for Higher Education, *Journal of College Student Personnel, 25*, 297-308.

Astin, A. (1993a) *What Matters in College? Four Critical Years Revisited*. San-Francisco: Jossey-Bass.

Astin, A. W. (1993b) An Empirical Typology of College Students, *Journal of College Student Development*, 34, 36-46.

Barr, R. B. and Tagg, J. (1995) From Teaching to Learning: A New Paradigm for Undergraduate Education, *Change: The Magazine of Higher Learining*, 27, 12-26.

Chickering, A. & Gamson, Z. (1987) *Seven Principles for Good Practice in Undergraduate Education*, AAHE Bulletin, March 1987, 3-7.

Fadel, C., Bialik. M. and Trilling B. (2015) *Four-Dimensional Education: The Competencies Learners Need to Succeed*, Center for Curriculum Redesign.

Gibbs, G. (1988) *Learning by Doing: A guide to Teaching and Learning Methods*, Further Education Unit.

Kuh, G. D. (2008) *High-impact Education Practices: What They Are, Who Has Access to Them, and Why They Matter*, Washington DC: Association of American Colleges and Universties.

The National Commission on Excellence in Education (1983) *A Nation at Risk: The Imperative for Educational Reform*, Washington, DC: United States Government Printing Office.

Nusche, D. (2008) Assessment of Learning Outcomes in Higher Education: a Comparative Review of Selected Practices, *OECD Education Working Paper*, 15.

OECD (2013) *The OECD Privacy Framework*.

Pendleton D., Schofield T., Tate P., and Havelock, P. (1984) *The Consultation: An Approach to Learning and Teaching*, Oxford, Oxford University Press.

Rhodes, Terrel, L., and Finley, A. (2013) *Using the VALUE Rubrics for Improvement of Learning and Authentic Assessment*, WashingtonDC: AAC&U.

Saupe, J. L. (1990) *The Functions of Institutional Research* (2nd ed.), Association for Institutional Research.

Tremblay, K., Lalancette, D. and Roseveare, D. (2012) Assessment of Higher Education Learning Outcomes, *AHELO Feasibility Study Report Volume 1*, OECD.

執筆者プロフィール

竹中　喜一［たけなか・よしかず］編者、1 章、2 章、3 章、4 章、5 章、7 章、9 章、10 章

近畿大学 IR・教育支援センター准教授

専門は高等教育論、教育工学。民間企業の勤務を経て、2008 年に学校法人関西大学に専任事務職員として入職し、授業支援や FD、SD、教学 IR の業務などを担う。業務と並行して大学職員の能力開発に関する研究を行い、博士（人間科学）の学位取得。2018 年に愛媛大学教育・学生支援機構特任助教となり、その後同講師、准教授を経て 2023 年より現職。2023 年より山梨県立大学特任准教授として教学マネジメントアドバイザーも務める。著書に『大学 SD 講座 4 大学職員の能力開発』（共編著）などがある。

上月　翔太［こうづき・しょうた］8 章、11 章

愛媛大学教育・学生支援機構講師

専門は高等教育論、文芸学。2010 年大阪大学大学院文学研究科博士前期課程修了後、民間企業での勤務を経て、2019 年大阪大学大学院文学研究科博士後期課程文化表現論専攻文芸学専修を単位修得退学。日本学術振興会特別研究員（DC2）、大阪産業大学等非常勤講師、大阪大学大学院文学研究科助教、愛媛大学教育・学生支援機構特任助教を経て、2023 年より現職。著書に『大学 SD 講座 4 大学職員の能力開発』（分担執筆）、『大学 SD 講座 2 大学教育と学生支援』（分担執筆）、『西洋古代の地震』（共訳）などがある。

中井　俊樹［なかい・としき］12 章

愛媛大学教育・学生支援機構教授

専門は大学教育論、人材育成論。1998 年に名古屋大学高等教育研究センター助手となり、同准教授などを経て 2015 年より現職。日本高等教育開発協会会長、大学教育イノベーション日本代表、大学教育学会理事を経験。「大学 SD 講座」、「大学の教授法シリーズ」、「看護教育実践シリーズ」のシリーズ編者。そのほかの著書に、『大学の教務 Q&A』（共編著）、『大学の IR Q&A』（共編著）、『大学教員準備講座』（共著）、『成長するティップス先生』（共著）などがある。

中島　英博［なかじま・ひでひろ］6 章

立命館大学教育開発推進機構教授

専門は高等教育論。名古屋大学高等教育研究センター助手、三重大学高等教育創造開発センター助教授、名城大学大学院大学・学校づくり研究科准教授、名古屋大学高等教育研究センター准教授を経て、2021 年より現職。著書に『大学教職員のための大学組織論入門』（単著）、『シリーズ大学の教授法 1 授業設計』（編著）、『シリーズ大学の教授法 4 学習評価』（編著）などがある。

シリーズ大学教育の質保証 2

学習成果の評価

2023 年 10 月 20 日　初版第 1 刷発行

編著者 ——————— 竹中喜一
著　者 ——————— 上月翔太・中井俊樹・中島英博
発行者 ——————— 小原芳明
発行所 ——————— 玉川大学出版部
　　　　　　　　　〒 194-8610　東京都町田市玉川学園 6-1-1
　　　　　　　　　TEL 042-739-8935　FAX 042-739-8940
　　　　　　　　　http://www.tamagawa-up.jp/
　　　　　　　　　振替　00180-7-26665
装　幀 ——————— 吉林優
印刷・製本 ——————— 藤原印刷株式会社

乱丁・落丁本はお取り替えいたします。
© Yoshikazu Takenaka 2023 Printed in Japan
ISBN978-4-472-40625-6 C3037